Me encanta trabajar con John, y *Más allá de los límites* es una lectura obligatoria para todo el que ha leído *Límites*. Este es su mejor libro hasta la fecha.

> —STEPHEN ARTERBURN, autor de éxitos de librería, moderador del programa radial de entrevistas *Host of New Life Live!*

Más allá de los límites es la brújula perfecta para navegar en las aguas turbulentas de las relaciones personales desafiantes. Todos se beneficiarán con la sabiduría del Dr. Townsend en cuanto a cómo vivir del lado saludable de la vida.

> —CRAIG GROESCHEL, pastor principal de LifeChurch.tv, autor de *Anormal: Lo «normal» no está funcionando*

Todos somos pecadores, y como resultado tenemos la capacidad de hacer daño —y de resultar lastimados— en todas nuestras relaciones personales. Felizmente, para los que están dispuestos a hacer el trabajo, el libro del Dr. John Townsend provee un mapa de ruta para volver a la salud, la confianza y la restauración.

> —JIM DALY, presidente de Focus on the Family [Enfoque en la familia]

En *Más allá de los límites*, John Townsend nos indica el largamente esperado siguiente paso luego de su libro *Límites*, con Henry Cloud. ¡Los matrimonios se fortalecerán y todas nuestras relaciones personales importantes resultarán más íntimas y auténticas! Recomiendo encarecidamente este libro a todos. ¡Es una lectura obligatoria!

> —JOHN BAKER, pastor y fundador de *Celebremos la recuperación*

Este es uno de los mejores libros que jamás he leído sobre el cultivo de unas relaciones personales saludables. Subrayé casi toda página. John Townsend es uno de los mejores comunicadores de los Estados Unidos sobre el tema. Leo todo lo que John escribe y soy mejor persona por eso.

> —JIM BURNS, doctor en filosofía, presidente de HomeWord, autor de *Padres Confiados* y *El código de pureza*

MÁS ALLÁ DE LOS LÍMITES

**CÓMO
APRENDER
A CONFIAR
DE NUEVO**

DR. JOHN TOWNSEND

Prólogo por **Dr. Henry Cloud**, coautor de *Límites*

*La misión de Editorial Vida es ser la compañía líder en satisfacer las necesidades de las perso-
nas con recursos cuyo contenido glorifique al Señor Jesucristo y promueva principios bíblicos.*

MÁS ALLÁ DE LOS LÍMITES
Edición en español publicada por
Editorial Vida – 2012
Miami, Florida

© 2012 por Dr. John Townsend

Originally published in the USA under the title:
    BEYOND BOUNDARIES
    Copyright © 2011 by Dr. John Townsend
Published by permission of Zondervan, Grand Rapids, Michigan 49530

Traducción: *Dr. Miguel A. Mesías*
Edición: *Madeline Díaz*
Diseño interior: *A&W Publishing Electronic Services, Inc.*

ISBN: 978-0-8297-6081-1

Categoría: Vida cristiana / Relaciones

IMPRESO EN ESTADOS UNIDOS DE AMÉRICA
PRINTED IN THE UNITED STATES OF AMERICA

12 13 14 15 16❖ 6 5 4 3 2 1

*A todos los que creen que las relaciones
personales valen el riesgo. Que Dios los bendiga.*

Reconocimientos

A Sealy Yates, mi agente literaria: por tu dedicación a los libros de calidad y tu incansable trabajo a fin de promover un contexto en el que se puedan preparar.

A Moe Girkins, exgerente en jefe de Zondervan Publishing: por tu visión y respaldo para el concepto y el valor de este libro.

A Sandy Vander Zicht, directora ejecutiva de Zondervan Publishing: por tu creatividad para trabajar con la idea original y tu dedicación al proceso.

A Greg Campbell: por tu diseño estratégico y el tiempo que dedicaste a responder al contenido.

A mi esposa, Barbi: por tu amor, respaldo y respuestas bien pensadas durante el período de escritura.

A los miembros de mis equipos del Programa Leadership Coaching: por su dedicación al crecimiento personal y profesional, así como por contarme sus experiencias de avanzar más allá de los límites.

Contenido

Prólogo

Recuerdo como si fuera ayer el día en que John y yo decidimos escribir *Límites*. Estábamos en una reunión de planificación y alguien preguntó: «¿Con respecto a qué tema reciben la mayoría de las preguntas cuando ustedes dos hablan?». Ambos nos echamos a reír y dijimos: «Límites». Todas las preguntas tienen que ver con los límites.

De modo que la siguiente cuestión que se planteó fue: «Entonces, ¿por qué no escriben un libro acerca de su sistema de límites?». De inmediato John y yo nos miramos el uno al otro y pensamos: «¡Esa es una gran idea! Si escribimos un libro sobre límites, el mismo daría respuesta a todas esas preguntas, así que podríamos dejar de hablar en cuanto a los límites y pasar a otros temas que necesitamos atender».

No nos imaginábamos que sucedería lo *opuesto*. No teníamos ni idea de cuán grande iba a ser la necesidad de continuar hablando acerca de los límites. La falta de límites es un problema humano tan grande, y el dolor causado por las violaciones de los límites es tan inmenso, que continuaremos hablando en cuanto a los límites hasta el día en que muramos. Prácticamente toda persona necesita comprender los límites, y cómo establecerlos resulta esencial para disfrutar de libertad en todo aspecto de la vida. Cuando los límites fallan, las relaciones personales fallan, las personas salen lastimadas, y el desempeño en la vida sufre. Los límites nos afectan psicológica, relacional, física y espiritualmente.

Ahora bien, corra la cinta hasta hoy, cuando nos hallamos en un momento similar. Si nos preguntaran: «Después que las personas han trabajado en sus límites y han dejado atrás la destrucción y el dolor, ¿qué sigue? ¿Qué va más allá de los límites?». Diríamos: «Pues bien, después que el dolor pasa, es tiempo de confiar de nuevo, siendo esta vez ser mucho más inteligente al respecto. Es tiempo de reconstruir las relaciones personales y su vida, y tener buenos límites en su lugar que lo mantengan seguro y garanticen la vida que usted desea. Esto es lo que quiere decir "más allá de los límites"». John ha escrito un libro que le sirva de guía a fin de que confíe de nuevo, de modo que esta vez pueda hacerlo mejor.

Ya sea que se trate de confiar en una relación personal donde la confianza se ha roto, de entablar nuevas relaciones personales con buenos límites, o simplemente de definir su futuro de una manera saludable, este libro lo ayudará. Puedo atestiguarlo por dos razones.

Primero, John es un experto obvio en el tema. Por más de veinte años ha enseñado sobre los límites a millones de personas por radio, en seminarios en vivo, y en varias situaciones de trabajo o consultoría. No hay ninguna pregunta en cuanto a límites que no haya oído y no pueda contestar. Así que, usted puede confiar en su pericia. No se trata de teoría académica para él, sino de respuestas reales que han sido probadas y demostradas a través del tiempo en el mundo real.

Segundo, John es una persona digna de confianza, a quien he visto practicar y aplicar lo que predica durante las décadas en que hemos trabajado juntos. En su vida personal y profesional usted no hallará ninguna situación en la que él no esté sincronizado con su mensaje. Para mí, esto es tan importante como su pericia. John no está tratando de lograr que usted haga algo que él mismo no ha hecho. Por eso he confiado en él sin reservas como socio en los negocios y amigo íntimo desde los estudios superiores. Y pienso que usted también puede hacer lo mismo

Ahora que tiene buenos límites y está listo para dar el siguiente paso, permita que este libro sea su guía para llegar a ser la persona que se supone debe ser, teniendo buenas relaciones personales con la gente apropiada y acercándose al Dios que los creó a todos.

HENRY CLOUD, DOCTOR EN FILOSOFÍA,
Los Ángeles, 2011

No se conforme

Si no quiere conformarse con la situación de sus relaciones personales, este libro es para usted.

Conformarse o adaptarse a menos de lo que uno es capaz de ser a menudo resulta necesario en otros aspectos de nuestra vida. Los golfistas profesionales tienen que conformarse con jugar la gira para personas mayores en algún punto. Los individuos y las familias tienen que conformarse con gastar menos y ajustar sus presupuestos financieros según sus circunstancias. Los padres con el tiempo tienen que conformarse y abandonar el control de sus hijos, permitiéndoles que tomen sus propias decisiones. Sin embargo, en el mundo de las relaciones personales, a menudo nos conformamos demasiado pronto.

Cuando nos vemos en una relación personal difícil o incómoda, ya sea en el matrimonio, el noviazgo, la familia, las amistades o el trabajo, tenemos la tendencia a emprender la retirada. Esto es natural y a menudo necesario. El dolor produce una respuesta de retroceso a fin de protegernos de mayor incomodidad o daño. En mi adolescencia, cuando empecé a rasurarme, solía lastimarme la cara con la cuchilla. Detestaba ese agudo tajo doloroso, y rápidamente apartaba la cuchilla y terminaba la tarea manteniéndome alejado de ese sector de mi rostro. No esperaba de buena gana la próxima sesión de afeitarme, sino que deseaba evadirla. Sin embargo, con el tiempo aprendí cómo mantener la cuchilla en el ángulo apropiado y hacer un movimiento correcto.

Las personas se conforman de varias maneras, adaptándose a lo que piensan que será el mejor escenario posible. Algunos se conforman permaneciendo en un matrimonio agradablemente tolerable; no adverso, pero tampoco íntimo. Otros cortejan a una sucesión de personas sin jamás comprometerse. Otros mantienen a una distancia cómoda incluso a sus amistades más importantes. Y otros más dirigen sus energías para concentrarse en sus actividades en lugar de en las relaciones personales.

Conformarse en las relaciones personales no es la peor manera de vivir. Resulta bastante indoloro y a menudo predecible. Hay algo de valor en evadir el dolor y en lo predecible, pero dista mucho del propósito para el que usted fue diseñado en la vida. Más que cualquier otra cosa en el mundo, se supone que usted debe conectarse y establecer relaciones personales profundas, significativas y positivas con Dios y las personas. Esto es el medio y el fin de una vida buena y feliz.

El reto viene cuando nuestras relaciones más íntimas se vuelven insalubres o incluso tóxicas. En tales ocasiones resulta esencial establecer límites relacionales saludables para protegernos. Cuando Henry Cloud y yo escribimos sobre el tema hace un par de décadas en nuestro libro *Límites*[1], no teníamos idea de cuánto interés tendría la gente en el libro, ni tampoco en los volúmenes sucesivos sobre el matrimonio, el noviazgo, la crianza de los hijos, los adolescentes, y cómo entablar conversaciones difíciles. No obstante, en conferencias, interacciones por la radio, correos electrónicos, conexiones en las redes sociales y conversaciones personales, descubrimos que muchos creyentes no tienen ni idea de lo que la Biblia enseña en cuanto a la responsabilidad personal, en especial dónde termina y dónde empieza. Aunque han aprendido bastante acerca de ofrendar, cuidar, amar, sacrificarse y perdonar, tienen poca comprensión sobre otros asuntos significativos: de qué deberían o no deberían ser responsables en una relación personal, por cuáles opciones luchar, y cómo no facilitar patrones tóxicos tales como adicciones, pecados y maltratos. Nos alegramos al ver a tantas personas que finalmente estaban aprendiendo a decir que no cuando necesitaban hacerlo y hallando la libertad de decisión que Dios nos promete: «Cristo nos libertó para que vivamos en libertad. Por lo tanto, manténganse firmes y no se sometan nuevamente al yugo de esclavitud» (Gálatas 5:1). Las personas aprendieron a tomar sus propias decisiones, basadas en sus propios valores, y hallaban buena dosis de felicidad y satisfacción.

Sin embargo, con el correr de los años, surgió una pregunta significativa: *Una vez que he tenido un problema en mis relaciones personales y he necesitado fijar un límite, ¿cómo sé cuándo arriesgarme de nuevo con alguien?* Esta es una pregunta impulsada por el deseo de conexión y relación personal que Dios colocó en todo ser humano. Por definición, aprender a fijar límites apropiados produce un grado de separación entre usted y otra persona. Puede significar mantenerse dentro de la relación personal y no permitir que algún otro acceda a su yo más íntimo. Puede significar tomarse un tiempo de separación en esa relación personal. O incluso puede significar el término de la conexión por completo, dependiendo de las circunstancias. Sea cual sea la situación, las personas hallan que aunque se sentían felices con la libertad que sus límites proveían, todavía deseaban una conexión y a menudo no sabían cómo establecerla de nuevo… ya fuera en su relación personal existente o en otra nueva.

Por eso este libro se titula *Más allá de los límites*. Está diseñado para enseñarle a identificar cualquier cosa que haya andado mal en la relación personal y crecer a partir de ello, ayudarle a determinar si alguien merece su confianza ahora, y mostrarle cómo controlar el proceso de abrirse de una manera gradual y segura. Una vez que usted ha fijado límites, cuando el tiempo es apropiado, puede avanzar más allá de los límites que lo mantuvieron protegido, hallando también al otro lado excelentes y profundas relaciones personales, así como libertad en sus conexiones, que es lo que Dios ha deseado todo el tiempo para usted.

Una visión de la vida *más allá de los límites*

Estos son unos pocos ejemplos de cómo he visto a las personas avanzar más allá de los límites:

En el trabajo. Glenn y Rich, amigos míos, eran socios en una firma de inversiones. Las cosas se pusieron difíciles entre los dos y la situación no recababa lo mejor de ellos. Cada uno le echó la culpa al otro, perdieron la confianza, y con el tiempo disolvieron la sociedad. Esto me entristeció, no solo porque los quería a ambos, sino también porque sabía que formaban un gran equipo. Sin embargo, los límites que se impusieron a sí mismos les dieron tiempo para reflexionar y crecer. Practicaron los principios de este libro, y a los pocos años estaban colaborando de nuevo en otro proyecto.

En el matrimonio. Teresa y Keith llevaban doce años de casados, pero su matrimonio era un desastre ferroviario. Keith se mostraba verbalmente abusivo y egocéntrico. Teresa era muy dependiente y temía el conflicto. Cuando empecé a atenderlos como pareja, resultó claro que aunque se querían el uno al otro y se interesaban en su matrimonio, se sentían alienados y sin esperanza en cuanto al futuro.

En el curso del asesoramiento, Teresa tuvo que fijar límites claros para Keith. Cuando él se ponía grosero y criticón, ella por lo general se quejaba y cedía simplemente para mantener la paz, o por lo menos algo de conexión con él. Sin embargo, aprendió a decirle claramente: «Me intereso por nosotros, pero esta conducta me hace daño y no es aceptable. Si no vas a tratarme con amabilidad, me voy a otra habitación, e incluso tal vez te pida que salgas de la casa hasta que decidas dejar de hacerlo». Y Teresa tuvo que hacer eso por un tiempo.

Poco a poco, Keith empezó a cambiar por dentro. Se suavizó y se conectó con Teresa. Insegura de que el cambio fuera auténtico, ella no se mostró vulnerable de inmediato ante él.

No obstante, con el tiempo cultivaron una intimidad real el uno con el otro, y hoy son una pareja experimentada e íntima que disfrutan juntos de la vida.

En las familias. La mamá de Lindsay la sacaba de sus casillas. Aunque Lindsay estaba casada y ya tenía sus propios hijos, su mamá persistía en tratar de controlarla y cuidar de ella. Cuando visitaba el hogar de Lindsay, la madre criticaba cómo criaba a sus hijos. Lindsay pasaba horas con su mamá, quien estaba sola y tenía pocos amigos, pero tan solo para oír que su mamá le recriminaba que no estaba con ella suficiente tiempo.

Finalmente, Lindsay tuvo que fijar un límite. Le dijo a su mamá que no podían verse con tanta frecuencia. Lindsay necesitaba algún tiempo para cultivar mejores maneras de relacionarse con su mamá a un nivel más saludable. Y aunque su madre nunca entendió realmente por qué esto debía ser así, Lindsay con el tiempo pudo volver a cultivar la relación personal con más energía, claridad, e incluso con más amor hacia su mamá.

En mi propia vida. Cuando estaba en los últimos años de la universidad, tenía un amigo, Dan, a quien en realidad no traté como un buen amigo. Pasaba tiempo con él cuando sentía ganas, pero cuando me resultaba inconveniente, ni me asomaba. Buscaba alguna excusa para irme a cenar fuera o salir en parejas con nuestras novias. Esta es una realidad de la que no me enorgullezco, aunque pienso que ahora soy una persona diferente. De todas maneras, se necesitó tiempo y mucha distancia entre nosotros, pero Dan y yo volvimos a entablar amistad y nuestra relación personal es mucho más mutua y equilibrada que antes.

Mi oración es que estos relatos, nociones y destrezas presentadas en *Más allá de los límites* lo ayuden a avanzar más allá de sus propios retrocesos y a volver a correr algunos riesgos en las relaciones personales, cuyo propósito es la intimidad. Aunque existen riesgos reales y siempre habrá la posibilidad de que nos lastimen, es posible hacer que los riesgos sean manejables, razonables y factibles. Sin embargo, usted tal vez tenga que conformarse con menos debido a lo que la otra persona está dispuesta o puede hacer; pero si lo hace, el factor limitador no será usted.

La redención de las pérdidas

Jerry y Val Reddix son misioneros y amigos por largo tiempo de Barbi y míos. Jerry y yo estudiamos juntos en nuestro programa doctoral en psicología. Unos pocos años más tarde, Val quedó embarazada de su tercer hijo. Un día, Barbi y yo recibimos una llamada que nos informó que ellos estaban en el hospital debido a que algo andaba mal con el bebé. Cuando llegamos, Jerry nos dijo que Michael había nacido, pero que tenía problemas que amenazaban su vida y no se esperaba que sobreviviera mucho tiempo; tal vez era una cuestión de semanas. Permanecería en el hospital a fin de recibir cualquier ayuda que fuera posible. Nuestros corazones se partieron. En realidad no teníamos palabras para lo que Jerry y Val estaban atravesando. Quedamos profunda y terriblemente entristecidos por ellos.

Nos mantuvimos en contacto con nuestros amigos y los visitábamos cuando podíamos. Michael tenía días buenos y malos. Una mañana, los Reddix nos llamaron a los pocos minutos de la muerte de Michael para darnos la noticia. De inmediato acudimos al hospital. La enfermera trajo a Michael y nos permitieron abrazarlo por unos pocos minutos, en lo que era a la vez una presentación y una despedida. Luego la enfermera se lo llevó. En ese momento nos involucramos en el proceso de aflicción de Jerry y Val. Barbi y yo pasamos mucho tiempo simplemente permaneciendo con ellos como podíamos, escuchando y estando presentes. Ellos hablaron de sus propios sueños para Michael y de que se sentían muy apegados a él.

Después del fallecimiento de Michael, nos mantuvimos en contacto, pero luego Jerry y Val se mudaron. Un par de años después de esa mudanza, supimos que habían tenido otro hijo, al que le habían puesto por nombre Isaac. Puesto que vivíamos en partes diferentes del país, no nos veíamos con frecuencia. Algunos años después, ellos, sus dos hijas e Isaac nos visitaron en casa. Isaac tenía como unos seis años. Durante la visita, vi cómo Jerry llevaba a Isaac a un lado y le decía: «¿Ves a estas personas? Ellos conocieron a Michael. Lo conocieron. Si alguna vez tienes preguntas sobre tu hermano, pregúntales, y ellos te dirán».

Han pasado muchos años desde ese día. Isaac no ha tenido que llamarnos, pero Jerry hizo algo muy importante. Mantuvo a su hijo vivo en el recuerdo de la familia. Conectó su pérdida con su familia y nosotros. No quería esconderle a sus relaciones personales el recuerdo, aunque resultara doloroso. Él no quería ignorar a Michael para evadir la vulnerabilidad.

Lo mismo se aplica a usted. Tal vez no haya perdido un hijo, pero ha perdido algo. Tal vez fue una relación personal que esperaba que durara toda la vida, o su capacidad para confiar y sincerarse. No obstante, cualquiera que haya sido su pérdida o su herida, usted está diseñado para vivir manteniendo relaciones personales, reconectarse y ser vulnerable. Sus dificultades pueden ser redimidas y su autoprotección resuelta si avanza por las sendas correctas.

La intimidad es compleja, pero no misteriosa. Tal como las leyes de los límites son claras, también lo son las reglas para la intimidad y el riesgo. Se supone que su propósito es avanzar más allá de la autoprotección y acercarse de nuevo a otras personas. Bien valen la pena los riesgos y el esfuerzo para tener las relaciones personales que en verdad desea.

PARTE 1

LA COMPRENSIÓN DEL PROBLEMA

Hace poco pasé una noche divertida con un grupo de amigos. Entre ellos estaban Colleen y Ryan, una pareja a la que he conocido por algún tiempo. Ellos tienen un matrimonio duradero, que se acerca a los treinta años. Al ponernos al día en cuanto a nuestras actividades, no pude dejar de notar la energía entre ellos. Este fue un hecho que se hizo evidente por la forma en que tomaban parte en la conversación («Yo voy a describir el escenario, pero tú narra el extraño encuentro con el vecino»), contaban chistes sobre el uno y el otro («Así que él ignoró el GPS y perdimos una hora dando vueltas»), se respaldaban entre ellos («Cuéntales cómo fuiste la primera mujer que logró una promoción en ese departamento»), y se miraban el uno al otro. Fue algo así como si los que estábamos con ellos fueran parte de su relación personal, pero de igual modo estuviéramos afuera. Tenían su propio club privado, aunque seguían conectados con el resto de nosotros.

Si ese encuentro fuera la única información que usted tuviera acerca de Ryan y Colleen, a lo mejor se vería tentado a considerarlos un modelo de intimidad y conexión; una pareja que de alguna manera se las ha arreglado para evadir todos los problemas que típicamente hacen que un matrimonio prolongado se vuelva monótono, desconectado, o algo peor. Sin embargo, lo que la mayoría de los demás presentes esa noche no sabían era que hace unos pocos años Ryan y Colleen habían estado a punto de acabar su relación. Ryan tuvo un amorío que devastó a Colleen. En ese momento, ninguno de los dos estaba seguro de si quería seguir casados. Si todos los presentes esa noche hubieran estado enterados de la historia de esta pareja, a lo mejor hubieran pensado una de dos cosas: Que los dos estaban fingiendo, o que algo milagroso había sucedido.

Esto último fue la verdad. Colleen y Ryan experimentaron un milagro. Aunque distó mucho de ser instantáneo y significó abundante trabajo arduo, avanzaron contra la ley de los promedios —así como también de las expectativas de los que los conocían— y restauraron su relación personal. Se han convertido en una pareja nueva y diferente, relacionándose a un nivel mucho más profundo. Ryan ha resuelto las cuestiones personales que lo llevaron al amorío y está profundamente enamorado de su esposa. Colleen de nuevo puede confiar en su esposo y ha recuperado el amor que en un tiempo sintió por él.

Menciono la experiencia de Bryan y Colleen porque es un relato real y espero que le dé esperanza. Si está leyendo este libro, pienso que es seguro decir que probablemente tuvo problemas en una relación personal que significaba algo para usted. Tal vez siga en esa relación y esté luchando por reparar el daño; o tal vez ha avanzado y no quiere que el pasado se repita en una nueva conexión. De cualquier manera, empecé con la experiencia de Colleen y Ryan porque la infidelidad es una de las peores cosas que pueden romper una relación. Si esta pareja pudo lograrlo, entonces tal vez usted pueda creer que hay esperanza también para su situación. Si tomamos la senda correcta, paso a paso, podemos aprender a confiar de nuevo, sin que importe lo que haya sucedido. De eso se trata este libro.

En la Parte 1, consideraremos cómo se rompe la confianza en las relaciones personales para empezar; lo que le sucede a la persona que está en el extremo receptor, y lo que le ocurre a la conexión relacional. Exploraremos el papel que los límites saludables desempeñan a fin de proteger y sanar a las personas para que no sufran más daño. Consideraremos lo que sucede cuando empezamos a sentir la necesidad y el deseo de buscar una nueva relación personal, o de intentarlo de nuevo en la actual, pero luchamos con los recuerdos malos que nos impiden involucrarnos e intervenir a plenitud. Todo esto establece el escenario para las tres partes restantes: cómo saber cuándo uno está listo; cómo saber cuándo la otra persona está lista; y cómo empezar el proceso de arriesgarse hacia la intimidad.

Al empezar este camino puede ser útil recordar que Dios no es extraño al proceso de reparar las relaciones dañadas. Aquellos que él ama han destrozado su confianza muchas veces, sin embargo, él continúa arriesgándose y sufriendo el dolor de buscarnos cuando las cosas no marchan bien. Los propios principios de Dios para restaurar relaciones proveen la verdad y la dirección que usted necesita a fin de ayudarlo a avanzar más allá del dolor y volver a experimentar la intimidad para la que fue diseñado.

1

La atracción a las relaciones personales

Usted y yo somos «atraídos» a buscar relaciones personales con otras personas. Experimentamos un impulso interno que nos empuja hacia otros. En realidad, tenemos también otros muchos impulsos: acudimos a la Internet cuando necesitamos alguna información; vamos a la cocina cuando sentimos hambre; salimos de compras cuando necesitamos ropa; y hablamos con las personas cuando deseamos entablar relaciones. Esto en realidad no es una opción. Simplemente, así nos diseñó Dios.

Nuestra atracción hacia las relaciones personales puede ser por compañerismo, negocios, amor o romance. La atracción es fuerte e imperiosa, pero no siempre resulta saludable, bien informada o llena de buen juicio. Así que a menudo tomamos malas decisiones y no manejamos nuestras relaciones personales como debiéramos. Buscamos a las personas, sin esperar que tendremos que fijar límites. Luego, después de una lucha en las relaciones personales y de pasar algún tiempo imaginándonos lo que sucedió, buscamos de nuevo a las personas... de una manera más sabia, según esperamos. Es importante entender cuán completamente atraídos nos sentimos por buscar otros.

El problema de avanzar más allá de los límites empieza reconociendo una simple realidad: Tenemos que avanzar más allá de nuestra autoprotección, ya que de manera inevitable y permanente somos atraídos a conectarnos con otras personas.

Nadie entabla una relación personal presagiando un desastre. No esperamos que las cosas se descarrilen. Comenzamos con esperanza, un deseo de algo bueno. Esperamos que la amistad, la intimidad, la seguridad y el fundamento se desarrollen. Esperamos que con el correr del tiempo las relaciones personales se profundizarán y enriquecerán nuestras vidas, tal vez conduciendo a un compromiso mayor. Es hacia allá que queremos que la relación marche. Al principio, nos interesamos en una persona por muchas razones: presencia, intereses comunes, carácter, valores, preferencias. Una vez que determinamos que pudiera haber potencial para algo bueno, invertimos tiempo y energía a fin de ver lo que puede suceder, pero siempre empezamos esperando el bien.

Este impulso en realidad no es una opción, sino que constituye una parte innegable de la manera en que estamos diseñados. Fuimos creados para buscar relaciones personales y esperamos que esto sea algo positivo. Experimentamos una «atracción» —un impulso o deseo— de buscar a alguien fuera de nuestra propia piel con quien podamos compartir la vida. Queremos a alguien que nos entienda, pase tiempo con nosotros y nos ayude a buscar soluciones a nuestros problemas. Nos sentimos atraídos fuera de nosotros mismos.

Hallamos esto en la primera relación personal de la vida, la cual es el apego del infante a su madre. Tan pronto como el bebé sale del vientre, de inmediato busca una presencia que lo haga sentirse seguro, lo proteja y le dé algo que se parezca a un sentimiento de previsibilidad en medio del caos de sus primeros minutos de vida. Esto es un acto innato e instintivo.

Dios creó esta atracción hacia las relaciones personales. La atracción está dirigida en primer lugar hacia él mismo, exhortándonos a que busquemos su presencia: «Busquen al SEÑOR mientras se deje encontrar» (Isaías 55:6). Es en la relación con Dios que hallamos nuestra conexión y significado supremos. Y por diseño de Dios, la atracción también es hacia otros: «Más valen dos que uno» (Eclesiastés 4:9). Somos mejores cuando estamos conectados profundamente a Dios y a los que más nos importan. Esto, junto con un propósito y tareas significativas, produce la mejor vida posible.

La conectividad humana nos provee de muchos beneficios. Los que tienen relaciones personales saludables viven más años, tienen menos problemas de salud y sufren menos desórdenes psicológicos, eso para mencionar unos pocos aspectos. Las relaciones personales simplemente son el *combustible para la vida*, y ayudan a impulsar nuestras actividades y mundos internos en la dirección en que deben marchar. El aislamiento y las relaciones personales destructivas, en contraste, son algo de lo cual hay que recuperarse, no una cosa que nos beneficie.

Aunque la mayoría de nosotros nos damos cuenta de todas las ventajas de la conexión, no somos atraídos a ella primordialmente por esos beneficios. Buscamos una relación personal porque la queremos y la necesitamos a un nivel más hondo que no es posible ignorar. Puede ser muy agradable y satisfactorio amar y ser amado. Y puede resultar doloroso e insatisfactorio cuando las cosas se desbaratan. Buscamos trabajos que nos apasionan, restaurantes que nos gustan y películas que nos hace sentir vivos, todo porque anhelamos la experiencia de la conexión. Lo mismo es cierto para las relaciones personales.

El aspecto de la confianza

Sin embargo, para que la atracción funcione como debiera, toda relación buena debe tener la confianza como esencia. Si usted puede confiar en la otra persona con su yo más hondo, la atracción ha hecho su trabajo y es posible establecer una buena conexión. La mayoría de nosotros puede manejar problemas en las relaciones personales como el desorden, la irresponsabilidad o incluso el control excesivo. No obstante, cuando la confianza no es parte de la ecuación, simplemente no sabemos quién está sentado en la silla frente a uno. Ese es el problema con el que siempre debemos lidiar primero. La confianza es la capacidad de ser vulnerable ante otra persona. Cuando uno confía en alguien, se siente seguro de que esa persona tendrá en mente nuestros mejores intereses. Creemos que son lo que dicen que son. Sentimos que las partes más hondas de uno se sentirán seguras con ellos. Esperamos que estén allí para nosotros pase lo que pase y que nos quieran aun cuando no seamos tan adorables.

Bataj es una de las palabras hebreas de la Biblia que se traducen *confianza*. Por ejemplo: «Encomienda al Señor tu camino; *confía* en él, y él actuará» (Salmo 37:5, énfasis añadido). Uno de los significados de *bataj* es «no tener cuidado». No se trata de un descuido como el de alguien irresponsable o impulsivo, sino de vivir sin cuidado, como el que no tiene que defenderse o preocuparse. Si uno tiene una confianza tipo *bataj*, se siente libre con alguien; no tiene que cuidarse a sí mismo, ni estar vigilando lo que dice, ni caminar como sobre cáscaras de huevos. Cuando esta clase de confianza está presente, uno descubre una parte vulnerable de uno mismo ante Dios y también otra persona, sin reservas y sin preocuparse por una traición. Eso es confianza.

Tal confianza no es un lujo, sino que resulta algo esencial[2]. Sin confianza las relaciones personales no pueden florecer. Todos esperamos hallar relaciones personales en las que nos podamos apoyar con la confianza de que la otra persona es alguien seguro para nosotros.

Una vez trabajé con un vendedor llamado Trevor. Tenía la personalidad perfecta para las ventas: extrovertido, enérgico y divertido. Sin embargo, Trevor no era confiable. Si decía que estaría en una reunión a las diez de la mañana, inevitablemente se presentaba a las diez y media. Si llamaba desde su automóvil y decía que llegaba en diez minutos, sin dudas serían veinte. Si decía que había hecho quince llamadas al día, su historial telefónico indicaba que habían sido diez. Era difícil trabajar con él en esto. Exasperado, finalmente le dije:

«Trevor, tengo que restar un veinte por ciento de todo lo que me dices a fin de conseguir una respuesta honesta de ti». En otras palabras, aunque deseaba que yo confiara en él, no podía hacerlo. Mi «atracción» hacia él se redujo. La confianza es el aceite que mantiene funcionando bien la maquinaria de las relaciones personales. No es un lujo. Resulta vital.

¡La atracción no es el problema, sino nosotros!

Durante mi último año en la universidad, me encontré en un doble apuro: tuve un problema con una novia y con un amigo. Los problemas no estaban relacionados entre sí, excepto porque yo era el denominador común. Mi novia y yo estábamos en diferentes puntos en nuestra dedicación a la relación, así que marchábamos patas arriba. Y mi amigo y yo estábamos en contraposición porque teníamos un tercer amigo que se encontraba en problemas debido a su conducta en los estudios, y nos hallábamos profundamente divididos en cuanto a cómo ayudarlo. Uno quería respaldarlo sin decir la verdad, el otro no. Seguramente usted capta el cuadro; tenía dificultades relacionales.

En cierto momento le dije a otro amigo: «En realidad, detesto esto de las relaciones. Sería mucho mejor solo divertirse, estudiar, trabajar y hacer a un lado todos estos problemas interpersonales». En otras palabras, le eché la culpa a la atracción.

Sin embargo, la atracción no es el problema. Usted y yo somos el problema. Aunque pudiera parecer más fácil eliminar quirúrgicamente su impulso relacional, usted perdería la posibilidad de amar, tener intimidad, gozo y significado en la vida. No obstante, esto es algo en lo que todos pensamos. Usted no puede sentir una herida o desilusión profunda, retirarse de una conexión, vacilar para involucrarse de nuevo, o más importante aún, luchar a fin de confiar una vez más, a menos que su atracción hacia las relaciones lo haya puesto allí en primer lugar. Si usted no hubiera estado buscando una relación personal y más bien fuera una persona aislada, desconectada y autómata, no habría enfrentado un problema relacional.

Con todo, es mejor trabajar en lo que está ocurriendo dentro de nosotros mismos y resolver eso antes que desconectarse, separarse y enfriarse en lo que concierne a las relaciones personales. Para parafrasear el famoso dicho de Alfred Lord Tennyson, en lugar de haber amado y perdido, usted podría no haber amado nunca. Y siempre es mejor tener unos cuantos moretones que nunca haber tratado de establecer una conexión con alguien. Esto simplemente es una parte fundamental de lo que hace que valga la pena vivir la vida.

En última instancia, el problema con que nos enfrentamos no es nuestro deseo de establecer relaciones personales, sino la forma en que respondemos a ese deseo. Por ejemplo, nuestra atracción a las relaciones personales nos hace vulnerables al autoengaño. Si uno está con alguien que quiere, nuestras esperanzas para la relación personal a veces pueden distorsionar las percepciones. Podemos filtrar la información que no encaja en el cuadro de lo que estamos buscando y descartarla. Esta esperanza, a la que los psicólogos se refieren como *esperanza defensiva*, en realidad maneja mal las experiencias que tenemos con las personas, distorsionándolas hacía un fin positivo potencialmente irreal.

Por ejemplo, un hombre que está saliendo con una mujer posesiva y exigente justifica su conducta diciendo que ella es «más seria en la relación personal» de lo que él es. Una mamá de un adolescente que molesta en sus clases en la escuela lo llama «espontáneo». El dueño de algún negocio con un gerente que no sigue sus direcciones lo llama «un líder de voluntad firme». Tendemos a pulir la manzana podrida porque queremos que sea una manzana buena.

Otro aspecto de esta esperanza defensiva es el «período de luna de miel» en una relación. Aunque la frase «luna de miel» parece sugerir un nuevo matrimonio, se refiere a cualquier nuevo período en una relación personal. Se trata de las primeras semanas de una conexión importante con alguien, en las cuales vemos solo lo bueno: la energía, el talento y la personalidad de la otra persona. La luna de miel carga nuestras endorfinas y nos mantiene en un estado positivo... por un tiempo. Los períodos de luna de miel son en realidad una forma de «psicosis temporal». Proveen un descanso de la realidad de lo negativo y una aceptación exclusiva de lo positivo. A esto se le llama *idealización,* una percepción de que la otra persona es perfecta o casi perfecta.

Estos períodos de idealización en verdad sirven a un buen propósito. Nos ayudan a almacenar buenas experiencias en las relaciones personales a fin de tener algo en que apoyarnos cuando con el tiempo nos despertemos a la realidad: la primera pelea, el fracaso o los problemas de desempeño. Para cuando surgen las fallas, hay suficiente acumulado en la conexión para lidiar con esas cosas, resolver los asuntos y reconectarse con la otra persona.

Por cierto, la investigación matrimonial específica ahora respalda la idea de que alguna forma de idealización es algo positivo en las relaciones personales continuas. Los cónyuges que ven a su pareja bajo una luz más positiva de lo que el otro la ve, tienen matrimonios más satisfactorios[3]. Por ejemplo, cuando uno de ellos hace algo malo, el otro primero piensa que fue un error inocente. Por supuesto, en algún momento la realidad debe surgir, pero esto muestra que con el tiempo una inclinación fundamentalmente positiva en cuanto a la persona que uno ama puede ayudarle a mantener la conexión.

Tal vez usted esté lamentando haber confiado en la persona que le causó el problema relacional. Si es así, no lo haga. Tal vez no vio algunas señales de advertencia, las cuales consideraremos más adelante a fin de que la próxima vez no las pase por alto. Sin embargo, entienda que su atracción hacia la relación personal es parte de su persona, un don bueno y divino. Usted puede madurarlo, educarlo y capacitarlo, pero no desaparece. Es una cosa saludable y un aspecto esencial de la forma en que Dios lo hizo. Su mejor y más alta experiencia es ser atraído hacia otros, y también al mismo tiempo tener claridad del carácter de la persona hacia quien se siente atraído.

Ahora, démosle un vistazo más cercano a dónde empezó el problema real: lo que hizo necesario que usted comenzara a fijar límites y a retirarse de las situaciones malas para empezar.

2

El daño llega

Me encontraba trabajando con Adam, un contador ejecutivo de una empresa grande. Era un nuevo empleado y quería causar una buena primera impresión. Su jefe, Gene, le brindó colaboración y ayudó a Adam a establecerse.

Un día, a Adam se le ocurrieron unas cuantas ideas creativas sobre cómo la compañía podía obtener mejores ventas. Se las comunicó a Gene, que pareció interesarse. Sin embargo, pocos días más tarde, Adam oyó al jefe de Gene felicitar a su compañero en una reunión de ventas por «concebir unas cuantas innovaciones que son una inyección en el brazo de la compañía». Eran las ideas de Adam.

Aturdido, Adam fue hablar con Gene, quien racionalizó toda la situación. Le dijo que lo que recordaba es que habían concebido juntos las ideas, y que se aseguraría de que recibiera el crédito junto con él. Adam no pudo lograr que Gene admitiera que había mentido. Y no contaba con ningún recurso, puesto que era la palabra de Gene contra la suya.

Todavía más, Adam tenía que continuar rindiéndole informes a Gene. Adam trató fuertemente de hacer que todo resultara, pero estaba tan desanimado y desconfiaba tanto de Gene, que en menos de un año tuvo que dejar la compañía. No podía funcionar en un nivel alto de desempeño, preguntándose todo el tiempo cuándo Gene se atribuiría otra vez el crédito por sus ideas.

Adam sufrió daño de parte de Gene. En específico, experimentó *una ruptura de la confianza en la relación personal*. Todo se detuvo, porque la confianza resulta fundamental. Es importante tener bien claro lo que significa. Una ruptura de la confianza en la relación personal es cuando *uno ya no siente o piensa que el otro fundamentalmente estará allí para uno, dudando de que sea lo que dice ser*. Cuando eso sucede, hemos perdido la confianza. Tal vez no siempre se deba al engaño o las mentiras. Puede deberse a que alguien se puso en primer lugar y no consideró nuestros intereses para nada. Por ejemplo, cuando una amiga se aprovecha de usted haciéndola el blanco de sus bromas en las fiestas, aun cuando usted le ha pedido que no lo haga.

Las dos confianzas

Hay dos tipos de confianza en una relación personal: la confianza funcional y la confianza relacional. En la confianza funcional uno siente que puede depender de la conducta y los compromisos del otro. Por ejemplo, en un matrimonio, él recogerá la ropa de la tintorería y ella estará en casa antes de las nueve de la noche. A un nivel más profundo, ella no tendrá relaciones personales inapropiadas con otros hombres; él no desfalcará el dinero de la cuenta de jubilación. La confianza funcional tiene que ver con el alineamiento entre lo que se dice y lo que se hace: no hay discrepancia entre las palabras y las acciones. La confianza funcional resulta esencial; significa que uno siempre puede estar lejos de la otra persona y saber que no habrá sorpresas, cuestiones éticas o indiscreciones en su ausencia. Ustedes no tienen que monitorearse o chequearse el uno al otro.

El segundo tipo de confianza, la confianza relacional, va más profundo. La confianza relacional se refiere a cuán seguro es confiarle al otro sus vulnerabilidades y sentimientos. Por ejemplo, ¿qué hace el otro cuando usted admite una debilidad, revela una necesidad, reconoce una equivocación, sufre algún fracaso o habla de ciertos problemas en su pasado? Estos son aspectos más sensibles que necesitan que se los maneje con cuidado. Cuando estos asuntos se manifiestan en una relación personal, el otro debe entender que usted en primer lugar corrió un gran riesgo al hablar al respecto.

Esto se vería de la siguiente manera en un matrimonio. Cuando el esposo revela una necesidad o admite una equivocación, su esposa debe acercarse a él, mostrarse llena de gracia, y expresarle ternura y comprensión. Ella también puede ser veraz y sincera, pero manteniendo la vulnerabilidad de él en mente, necesita intentar «restaurarlo con una actitud humilde» (Gálatas 6:1). Si él no puede confiar en que ella por lo menos tratará de entender, se encerrará emocionalmente. Él piensa: *¿De qué sirve ser vulnerable? Ella ni siquiera va a tratar de entender.*

Debido a que es más honda y más personal, una ruptura en la confianza relacional es un problema más serio que una ruptura en la confianza funcional. Una persona financieramente irresponsable —alguien que es capaz de romper la confianza funcional en asuntos monetarios—con todo puede ser confiable en cuanto a cómo se siente hacia usted. No va a querer confiarle sus finanzas, pero puede confiar en el interés que tiene por usted en otros aspectos. Sin embargo, lo inverso no es cierto. Alguien que es responsable en los asuntos relativos a la confianza funcional, pero no es seguro con la confianza relacional —que responde a sus emociones y necesidades— simplemente no es alguien a quien usted pueda acercarse con seguridad.

El daño surge cuando se rompe bien sea la confianza funcional o la relacional. Puede suceder cuando la relación personal atraviesa estrés: aumentan las cuotas de ventas, hay un nuevo bebé en la familia o existe un problema de salud. Puede suceder cuando hay conflicto o fracaso: una degradación en el trabajo, una pelea en cuanto a las vacaciones o los parientes políticos. Y puede simplemente suceder con el correr del tiempo. Tarde o temprano, el paso del tiempo desentierra los defectos y debilidades de las personas que mantienen una relación personal. Estos defectos producen una ruptura en la confianza funcional cuando alguien miente, se vuelve irresponsable, o revela una conducta o secreto que provoca problemas. Los defectos y las debilidades causan una ruptura en la confianza relacional cuando la persona se vuelve emocionalmente desconectada, controladora, criticona o absorta en sí misma.

Cuando la confianza se daña

La confianza, funcional o relacional, es la hebra que mantiene juntas a dos personas. Cuando la confianza se daña, la hebra se rompe y la desconexión empieza. El que ha sufrido daño a menudo se sorprende, queda estupefacto o en negación. Con frecuencia dará por sentado que ha malentendido la situación, o que es su culpa o su responsabilidad. Se sentirá culpable y se responsabilizará por el problema. Por ejemplo, cuando una esposa se siente ignorada emocionalmente, puede pensar: *Estoy pidiéndole demasiado y alejándolo.* Aunque eso puede ser verdad, actuará en consecuencia aunque no sea cierto. Hará lo que sea necesario para restaurar la confianza.

Cuando ya no puede sentirse seguro de que el otro verdaderamente está del lado suyo y la confianza relacional se rompe, suceden varias cosas que impactan la forma en que usted vive la vida. En la lista que sigue, vea si reconoce en su propia vida alguna de estas experiencias. Esto lo ayudará a hallarle sentido a por qué usted está actuando y sintiéndose de una forma determinada.

Retraimiento. Usted se vuelve cuidadoso en vez de actuar despreocupadamente. Se vuelve más reservado para dar alguna información personal. Evita las situaciones en que pudiera sentirse vulnerable, abierto o expuesto. La experiencia de sentirse lo suficiente seguro para hablar de sus necesidades ha quedado distorsionada, así que usted no corre riesgos relacionales. En algunos casos, el retraimiento progresa de los

sentimientos de soledad a sentirse realmente muerto o conge-
lado por dentro. Rara vez siente una necesidad o dependencia. No siente nada, o tiene la sensación de que algo se ha roto
por dentro.

Realización de tareas. Si la confianza se daña, tal vez usted invierta mucho más en las tareas relativas al trabajo, la
profesión, los estudios, las actividades, los pasatiempos y el
servicio. Es decir, usted se mantiene activo en el mundo, pero
halla mucho más seguro «hacer» que «conectarse». Usted
puede seguir siendo enérgico y mostrarse atareado y activo en
la persecución de buenas metas, pero se mantiene alejado del
fin personal de la vida.

Relaciones personales desequilibradas de «dador». Es común que un individuo sea el «dador» en todas las relaciones
personales y que evada el «recibir». Es decir, escuchará, ayudará y guiará a otros, pero se abstendrá de poner sus propias
necesidades al descubierto. Esto a menudo incluye relaciones
codependientes también, en las cuales usted rescata y estimula
a otros en lugar de permitirles que asuman la responsabilidad
por sus vidas y decisiones. Una de las preguntas que hago
cuando estoy evaluando a alguien es: «¿Cuál es la proporción
de dar y recibir en sus conversaciones normales durante el
almuerzo? ¿50-50? ¿90-10? ¿10-90?». Por lo general, cuando
la confianza se ha dañado, se inclina hacia la proporción de
10-90, como una forma en que la persona se mantiene a salvo
de ser vulnerable.

Malos hábitos. Las cuestiones de confianza a menudo
pueden conducir a patrones problemáticos de conducta. Esto
puede incluir problemas en la alimentación y el sueño, conductas obsesivas o adicciones.

¿De qué manera todo esto tiene que ver con la confianza?
Si usted lucha con cualquiera de estas cosas, eso puede ser
una señal de que hay algún asunto que tiene que atender o
resolver. Por ejemplo, probablemente conoce a personas que
ganan peso cuando atraviesan una crisis en las relaciones personales. La comida es un síntoma de un problema más hondo.

Felizmente, hay situaciones en las relaciones en las cuales la confianza se puede restablecer relativamente rápido. Por ejemplo, si el ofensor hace algo que lastima, pero no es demasiado serio o se trata de un suceso raro o único, todo lo que se necesita es que quien recibe la ofensa haga un llamado de atención en cuanto a la misma: «Me enfureció cuando le restaste importancia a mi punto de vista en la reunión», o «Heriste mis sentimientos cuando no escuchaste lo que estaba pasando con mis hijos». Estas breves declaraciones, más paciencia e interés, impulsarán al otro a ver lo que ha hecho, enmendar sus maneras, reconectarse y avanzar. Tales situaciones por lo general son tropiezos pasajeros, sucesos que no constituyen un patrón en el carácter. Por lo general no son asuntos por los cuales preocuparse. A veces incluso puede pasarlos por alto, pues «su gloria es pasar por alto la ofensa» (Proverbios 19:11).

Desdichadamente, también hay ocasiones en que el carácter interno de la persona no es lo que debería ser, los patrones son más profundos, y el daño en la confianza resulta más serio. Estas son situaciones en las cuales las apelaciones por restaurar la relación personal pueden quedar ignoradas y las conversaciones no resultan. Ahí es cuando usted debe trazar límites: por su propio interés, por causa de la relación personal, y también para ayudar al otro. El lugar y el propósito de los límites es el tema al que pasaremos ahora.

3

Límites y lo que logran

Cuando las palabras no resultan, es hora de establecer límites. Es decir, cuando un individuo no reconoce el efecto de sus acciones en usted, necesita fijar un límite. El límite lo protege de más dificultad, pero también provee una experiencia para el otro que puede ser más poderosa y ejercer más impacto que sus palabras.

Un límite es simplemente una línea de propiedad. Aclara dónde usted termina y empieza el otro. Usted establece límites con sus palabras, sus acciones, y a veces con la ayuda de otras personas. Los límites lo ayudan a indicar con claridad lo que usted aprueba o no, y lo que usted tolerará o no en sus relaciones personales.

Dos clases de límites

Para ver cómo los límites funcionan en las relaciones personales, es importante entender que hay dos tipos de límites: límites definidores y límites protectores. Cada clase de límite tiene un propósito distinto. Es importante entender la diferencia, porque los límites definidores deben llegar a ser permanentes en su vida, en tanto que los límites protectores son aquellos que puede mover «más allá».

Los *límites definidores* son valores que establecen quién es usted y quién no es. Son la médula de su identidad y reflejan lo que cree que es importante y valioso en la vida. He aquí unos pocos ejemplos:

- Sigo a Dios y sus caminos y siempre viviré mi vida con él.
- Amo a mi familia y mis amigos, y los trataré con gracia y verdad.
- Me mantendré siempre creciendo y no me saldré del sendero.
- Conozco mi misión y propósito en la vida, y no voy a desviarme de eso.
- Digo y recibo la verdad; no guardo silencio al decirla ni me pongo a la defensiva al recibirla.

Estos límites definidores lo ayudan a usted y a otros a saber quién es en realidad, una persona que tiene sustancia y defiende las cosas que importan. Lo ayudan a guiar sus decisiones y direcciones en la vida.

Consideremos algunos ejemplos de cómo los límites definidores pueden usarse en sus relaciones personales:

- «Estoy buscando un trabajo en el que mis capacidades estratégicas sirvan en vez de un empleo que tenga que ver con operaciones».
- «Tenemos la regla de que todos los que viven en esta casa asisten a la iglesia».
- «Quiero oír la verdad en cuanto a lo que piensas con respecto a cómo nos va en nuestra relación personal».
- «Soy un noctámbulo, así que no planeemos nada que exija que nos levantemos a una hora muy temprana».

Esta es sencillamente la forma en que usted les dice a otros quién es y en que ellos le dicen a usted quiénes son. Unos y otros se clarifican y definen a sí mismos con esos tipos de límites.

Los *límites protectores* son diferentes. Están diseñados para cuidar su corazón (véase Proverbios 4:23) y su vida de cualquier daño o problema. Hay ocasiones en que usted tiene que proteger sus valores, emociones, talentos, tiempo y energía de personas y situaciones que pueden desperdiciarlos o lesionarlos. Los límites protectores tienen varios elementos para lograrlo. Usted necesita enfrentar la realidad de que hablar no ha resuelto una situación, así que precisa fijar un límite.

Un límite protector puede empezar con un enunciado como este: «Quiero que resolvamos esto, pero nada de lo que he dicho ha servido para algo, así que voy a tomar una ruta diferente». Esto afirma que usted valora la relación personal y desea que el otro entienda que sus acciones no son un castigo, sino en última instancia redentoras. Usted simplemente está tratando de resolver una dificultad en la relación personal con sus límites protectores. La parte de las consecuencias de un límite necesitan entonces expresarse en la forma condicional de «si... entonces...», a fin de asegurarse de que el otro entienda que usted habla en serio. Por ejemplo, considere las siguientes declaraciones:

- «Si sigues llegando treinta minutos tarde a las reuniones, me voy en otro automóvil».
- «Necesito de ti una mejor ética de trabajo en la oficina, o si no tendremos que hacer algunos cambios».
- «Si sigues gastando más de lo presupuestado, voy a cortar por la mitad las tarjetas de crédito».
- «No puedo prestarte más dinero mientras no vea que estás haciendo esfuerzos serios para hallar trabajo».
- «Quiero llevar a tus nietos para que te visiten, pero si simplemente te limitas a navegar por la Internet mientras estamos allí, no vale la pena ir».
- «Deseo ver a mis nietos en ocasiones cuando no necesiten una niñera; de otra manera pienso que te estás aprovechando de mí».
- «Si no dejas de beber tanto licor o usar drogas, me llevo a nuestros hijos y me voy».

Esta es la distinción importante entre un límite definidor y un límite protector. Un límite definidor es para siempre e inmutable, constituye una parte de lo que hace que usted sea la persona que es. Un límite protector puede cambiar si el otro responde al mismo de una manera saludable. Sus límites definidores significan que, por ejemplo, usted siempre va a seguir a Dios, amar a las personas, comprometerse al crecimiento personal y espiritual, y cosas por el estilo. Son partes esenciales de usted, y no cambian. No obstante, usted puede cambiar un límite protector si el otro comprende lo que está haciendo y lleva a cabo un cambio significativo. Entonces usted puede reducir o acabar con la consecuencia: no más automóviles separados, no más cambios, volver a permitirle el uso de las tarjetas de crédito, y así por el estilo. Cuando el cambio tiene lugar, ya no necesita la protección.

He aquí otra manera de pensar en la distinción entre límites definidores y protectores. Su piel es un límite definidor; prácticamente resulta inmutable, excepto por la forma en que envejece. Se compone de células humanas que, cuando se toman juntas como un todo, forman lo que la mayoría de las personas identifican como usted. Cuando las personas la ven y dicen: «Esta es Julia», están observando su piel. En otras palabras, la piel es un límite definidor. Usted no cambia la piel. Se identifica por medio de ella.

Ahora piense en las ropas que viste y lo protegen de los elementos. En buen tiempo, usted se pone menos ropas y más ligeras. Cuando hace mal tiempo, se abriga. Sus ropas cambian según cambia su necesidad de protección. Los límites protectores son como las ropas que necesita. Los ajusta basándose en cuán seguro está. En algunas relaciones personales tal vez necesite solo el equivalente emocional de unos pantalones cortos y una camiseta. En otras, quizá necesite el equipo protector de un escuadrón antibombas. Fije y mantenga sus límites definidores, su piel, como una parte permanente de quién es usted, pero permita algún espacio para moverse en sus límites protectores.

Una pareja con la que trabajé tenía un problema monetario. La esposa era una derrochadora y no se negaba nada de lo que pudiera conseguir usando sus tarjetas de crédito: ropa, cenas y compras en línea. El hábito no solo estaba alienándolos, sino también amenazando con arruinar su relación personal. El esposo estaba constantemente temiendo que sin importar cuánto ganara y lo frugal que fuera, todo el dinero se iba por el desagüe. Después que nos reunimos, me di cuenta de que la esposa no veía la gravedad del problema. Ella decía: «Él se preocupa demasiado por el mañana y se vuelve controlador, de modo que no vivimos el presente. No se da cuenta de que todo puede desaparecer mañana, y entonces no tendríamos ninguna vida real. Quisiera que él entendiera eso». Aunque el esposo era un poco obsesivo en cuanto al dinero, un delito matrimonial menor, el despilfarro de ella de varios miles por encima del presupuesto anual representaba un crimen matrimonial.

Después de entender la dinámica, recomendé que separaran sus finanzas por un tiempo. Él controlaría el dinero que era suyo y la esposa el de ella. Fue algo complicado, pero la mujer tenía su propio empleo y ganaba sus propios ingresos, así que convinieron en los términos. Con el tiempo, ella se vio frente a la realidad de lo que era mantenerse con sus propios ingresos limitados y empezó a vivir según su presupuesto. En cierto punto convinimos en que estaban lo suficiente de acuerdo como para eliminar el *límite protector* de las finanzas separadas y volver a unir sus vidas en el factor económico. Sin embargo —y este es el punto importante— convinieron en que siempre existiría el *límite definidor* de que ambos se someterían a un presupuesto realista y uno y otro mantendrían bajo control sus gastos. Eso nunca cambiaría.

Usted tiene una alternativa, y también el otro

Cualquier persona, en cualquier momento, puede rechazar sus límites. Esa es la cruda realidad. El otro siempre tiene una opción. Sin que importe lo que diga o haga, si el otro piensa que usted está siendo injusto, irrazonable, no amable o castigador, y no quiere cambiar su opinión al respecto, tendrá que aceptarlo. Usted debe proteger su opción de fijar un límite, y también hay que proteger la opción del otro de no concordar con usted.

Por ejemplo, asesoré a una pareja en la cual el esposo, Carl, le hablaba a su esposa con groserías y dureza. Trabajé largo y tendido con él para que enfrentara sus problemas y entendiera lo destructivas que eran sus acciones para ella, y también a fin de ayudarlo a cambiar. Sin embargo, Carl continuamente minimizaba el efecto que su conducta tenía en Jackie y le echaba la culpa por provocar su cólera. Finalmente, les dije que mientras Carl no «captara» el asunto, me preocupaba la salud emocional de ella. Les recomendé que cada vez que él empezara a gritarle por llegar diez minutos tarde a la cena, ella simplemente saliera de la habitación y, si tenía que hacerlo, de la casa, hasta que él sintiera cuán profundamente le estaba haciendo daño. Carl no estuvo de acuerdo con el límite que les recomendé. Cuando Jackie empezó a poner en práctica mi recomendación, él se encolerizó y enfureció incluso más. Finalmente, con el tiempo y después de una larga y dolorosa serie de incidentes, él hallo a otra y se divorció de Jackie.

Usted tal vez se pregunte si valió la pena que Jackie fijara esos límites y quizá también si los propios límites produjeron la ruptura. En realidad, el problema no fueron los límites. Jackie no dejó a Carl ni su compromiso con él. Ella estaba comprometida con la relación personal y solo trataba de protegerse a sí misma. Carl fue quien tomó la decisión de irse; ella no lo obligó a hacerlo. Y la opinión de Jackie es que, en tanto que la entristeció la pérdida de su matrimonio, si tuviera que volver a hacerlo, fijaría de nuevo los límites para sí misma. Uno no permite que las amenazas de terrorismo relacional de otra persona le impidan hacer lo correcto.

El punto es este: Sus límites producirán un espacio, una separación, entre usted y alguien que forma parte de su vida. Esa persona tendrá que tomar la decisión de construir un puente sobre la separación haciendo cambios y convirtiéndose en una persona más amable, o de aumentar la distancia alejándose más e incluso abandonando la relación. Usted puede hacer todo lo posible para enmendar las cosas, pero jamás puede lograr con sus propias fuerzas que el otro se quede a su lado. Quedarse o irse siempre es una decisión que Dios le ha dado a toda persona en todo aspecto de la vida: «Pero si a ustedes les parece mal servir al SEÑOR, elijan ustedes mismos a quiénes van a servir» (Josué 24:15). Cuando amamos a las personas, estamos *a favor* de ellas, pero fijamos nuestros límites en contra de una conducta dañina o peligrosa y les permitimos que determinen su dirección: hacia nosotros o alejándose de nosotros.

A veces algunos me dicen: «Los límites no funcionaron para mí». Por lo general quieren dar a entender que fijaron un límite protector y la otra persona se enfadó o se fue. Sin embargo, los límites no garantizan inspirar un sentido de propiedad, responsabilidad o interés en alguien. Pueden aportar realidad y claridad. Pueden protegerlo. Pueden mostrarle a alguien un sendero para cambiar. No obstante, los límites no pueden eliminar la decisión del otro. Así que si usted considera el propósito real de los límites desde esta perspectiva, funcionan. Y si usted fija un límite y no tiene el impacto que esperaba, quiero que entienda que aun así son buenas noticias. Se trata de un diagnóstico. Algo que le da la información que necesita en cuanto al carácter del otro y el problema que están atravesando. Es mejor tener el diagnóstico de un médico para una enfermedad que evadir ir a la cita y permitir que el problema haga más daño.

Cuando usted fija y mantiene buenos límites, produce en la relación un espacio y una separación que tiene consecuencias para el otro, pero también resulta importante entender que los mismos límites tienen consecuencias emocionales para usted. A veces las personas no esperan las emociones que surgen cuando fijan un límite, de modo que no saben qué hacer al respecto. El próximo capítulo explicará eso.

4

El retorno del deseo

Cuando nuestros hijos eran pequeños, a menudo discutían y peleaban. Sus desacuerdos brotaban de cualquier número de razones: ambos querían el mismo juguete, uno deseaba establecer las reglas del juego, o el otro fastidiaba a su hermano hasta sacarlo de quicio. Las peleas a veces se volvían físicas, pero lo notaba e intervenía cuando estaban a punto de «ir demasiado lejos».

A veces simplemente les hablaba y eso bastaba para calmar las cosas. Si uno de los hermanos era evidentemente el ofensor, le aplicaba una consecuencia: un tiempo de castigo, la pérdida de un juguete, o tener que servir a su hermano. En otras ocasiones, la mejor estrategia parecía ser separarlos e impedirles el contacto por un tiempo. Cuando parecía que habían aprendido la lección y podían jugar de nuevo juntos, les permitía que lo hicieran.

En las situaciones en las que había un chico malo y yo los separaba, parecería tener sentido que el hermano ofendido ya se hubiera cansado de su hermano ofensor. Uno esperaría que el cruel querría volver a conectarse y reconciliarse más pronto que el ofendido. Sin embargo, ese no era el patrón. No existía ningún patrón. Ambos siempre querían volver a estar juntos y jugar aproximadamente después que había pasado la misma cantidad de tiempo. Sin que importara quién era el perpetrador y quién era la víctima, el período necesario para calmarse de cada uno resultaba similar. Mi mejor interpretación de esto es simplemente que el apego del uno por el otro podía más que su deseo de estar separados. Después de un tiempo de castigo, su anhelo de estar juntos era más fuerte que su enojo o temor.

Esta dinámica no se aplica solo a mis hijos, y ni siquiera únicamente a los niños. Se aplica a todos nosotros. La comprensión del retorno del deseo —el impulso de reconectarse— es clave para aprender lo que sucede cuando se fijan límites.

Cuando hay espacio, hay campo para el deseo

Cuando usted fija un límite en una relación personal, abre un espacio, un campo, entre usted y la otra persona. En las conexiones saludables el espacio simplemente lo define a usted y al otro como dos individuos distintos, con mentalidad y opiniones diferentes, pero que aun así se benefician al estar conectados el uno con el otro. Ustedes disfrutan de intimidad, pero si el uno es extrovertido y el otro introvertido, por ejemplo, las diferencias no provocan tensión ni perturban la relación personal. En realidad, en las relaciones saludables, las personas aprecian las diferencias: el introvertido admira la energía del extrovertido, y al extrovertido le gusta oír acerca del mundo interior del introvertido.

Sin embargo, cuando usted ha establecido límites protectores con alguien, el espacio que ha abierto entre ustedes no es una celebración de las diferencias. Se trata de protegerse de algo que no es bueno para usted, como por ejemplo el control o la manipulación. Y la naturaleza del espacio puede variar de algo menor, tal como escoger no hablar de ciertos temas, a algo serio, tal como salir de casa o incluso dejar permanentemente la relación personal.

El hecho de abrir espacio tiene una consecuencia obvia para el otro, pero también lo impacta a usted. *En realidad puede aumentar su deseo e interés por una relación personal, bien sea aquella en que está trabajando o una totalmente nueva.* Esto resulta irónico, porque cuando usted ha tenido dificultades con alguien, puede pensar que lo que menos necesita es un deseo de entablar otra relación personal: *¡Ábranme espacio!* Y, en tanto que es un sentimiento común al principio del período de límites, no dura para siempre. El espacio es un vacío, y el vacío lo pone en contacto con el deseo dado por Dios de conectarse. En especial cuando ha habido problemas de confianza, usted busca a alguien que lo apoye, que respalde su idea de tener opciones y libertad para su vida. Dicho sea de paso, uso la palabra *deseo* en un sentido mucho más amplio que romántico. La palabra simplemente significa que usted quiere algo: desea un nuevo automóvil, boletos para un partido, una promoción o una buena persona.

El reconocimiento de la diferencia entre un problema y una solución

El deseo de reconectarse con su relación personal existente o establecer una nueva conexión con alguien más no es bueno o malo en sí mismo. El deseo puede resultar en un problema o una solución, dependiendo de cómo respondemos al mismo. Por ejemplo, una mujer en mi programa de entrenamiento de liderazgo tenía un esposo drogadicto, de modo que finalmente tuvo que ponerle un alto a las conductas en que ella participaba y que fomentaban su adicción. Ella insistió en que se fuera hasta que buscara ayuda. Eso fue algo bueno de su parte. Por desdicha, esta mujer era vulnerable a las manipulaciones de su esposo y lo echaba de menos terriblemente. Él, por su parte, aprovechando su debilidad, la convenció de que no necesitaba rehabilitación y de que en virtud de su determinación y el amor que decía tenerle era un hombre completamente nuevo. Ella le permitió volver, aun cuando los que estábamos en su grupo le rogamos que no lo hiciera. Las cosas marcharon bien por unos pocos meses, como si fuera una luna de miel. Luego, cuando tuvieron una pelea por asuntos de dinero, él empezó a drogarse de nuevo. A ella le llevó mucho mayor esfuerzo, tiempo y energía esta vez establecer y mantener un límite fuerte con su marido.

En el caso de esta mujer, el deseo de reconexión resultó en un problema, pero el deseo mismo no era el problema. El problema fue que ella cedió a su deseo demasiado rápido, sin darse cuenta de que el esposo todavía no estaba listo.

Sin embargo, hay otras ocasiones cuando responder al deseo conduce a un buen resultado. Conozco, por ejemplo, a un esposo cuya esposa lo engañó y casi acabó con el matrimonio. Él quedó devastado por largo tiempo. Aunque podía haberse divorciado de ella y nadie lo hubiera culpado, aún la amaba y quería sanar la relación. La mujer convino en dejar al otro, y ella y su esposo se sometieron a un extenso proceso de crecimiento personal, tanto individualmente como en su relación matrimonial.

Al principio de su nuevo compromiso a fin de reparar la conexión, él no sentía amor por ella, ningún sentimiento positivo. Las únicas emociones que podía experimentar eran dolor y cólera. Se sentía alejado y en guardia, incapaz de confiar en ella. Él no estaba tratando de castigar a su esposa al evadirla. En realidad la quería como persona, por lo menos objetivamente, y deseaba lo mejor para ella. Desde el punto de vista de los valores, la amaba. Sin embargo, las emociones de querer, anhelar y echar de menos, mucho menos de estar «enamorado», simplemente no existían.

De modo afortunado, ella respondió a esto con comprensión y asumiendo la responsabilidad de la profunda herida que le había provocado. No solo mostró remordimiento, sino también fue paciente. Le aseguró: «Voy a hacer lo que sea necesario, por tanto tiempo como se requiera, para que volvamos a reconectarnos». Y lo hizo. Con el tiempo, y luego del esfuerzo que hicieron, empezaron a abrir sus corazones. Él creció, aprendió y fue sanado. Poco a poco, empezó a echar de menos la conexión que tenían. El espacio entre ellos se volvió un vacío desagradable para él, y pudo correr los riesgos relacionales que les permitieron empezar a acercarse el uno al otro como pareja.

Este es el punto: Anhelar a alguien no quiere decir que usted está frenético por el deseo, ni que el tiempo sea necesariamente el apropiado para reconectarse con la persona. Es simplemente una señal de que usted está vivo por dentro y el límite le ha dado espacio para respirar a fin de sentir su necesidad humana de reconexión. Préstele atención a eso, alégrese de estar vivo, y use el buen juicio y a buenas personas para ayudarle a decidir qué hacer con eso.

Respuestas saludables al nuevo deseo

Cuando usted quiere reconectarse, eso puede significar que hay cosas buenas que están sucediendo en su interior. He aquí algunos ejemplos.

Una nueva relación romántica. Después de un divorcio o una temporada en la que se ha abstenido de salir, puede hallar que se despierta de nuevo. Tal vez se imagine lo que sería llegar a conocer a alguien que le resulte agradable o se interese en usted. Tal vez sienta un optimismo cauteloso en cuanto a que una nueva persona pudiera ser un nuevo comienzo y es posible que las cosas mejoren en su vida.

La misma relación romántica. Tal vez usted esté más dispuesto a empezar de nuevo con su conexión actual. Como mis hijos, su necesidad de apego ha vuelto a dejarse sentir; echa de menos las partes buenas de la relación y se siente más esperanzado de que las cosas tal vez puedan cambiar. Usted quiere hacer un esfuerzo y devolverle la vida a su relación, haciendo de ella lo que esperaba que fuera originalmente.

El mismo amigo o familiar. En el aspecto no romántico de la vida, puede ser que su historia e intervención con esta persona le dé un sentido renovado de que le gustaría intentar que funcione. Por ejemplo, una hija adulta a veces se distancia de un padre o una madre nocivos por un período, y luego empieza a pensar en tratarlo de nuevo. O amigos enajenados se llaman el uno al otro para tratar de resolver las cosas, dándose cuenta de que la conexión es mayor que el problema que tenían.

Puede llevar poco o mucho tiempo que el deseo emerja. Después de una desconexión menor, usted puede echar de menos a la otra persona en pocas horas, o días, o llamarla para resolver el asunto. Si la situación es seria y dañina, puede ser necesario mucho más tiempo. Por ejemplo, algunos juran no volver a salir con nadie por largo tiempo cuando su confianza y su deseo han quedado enterrados bajo años de temor y recuerdos dolorosos. Asesoré a un hombre que, después de un doloroso divorcio, se dedicó a su trabajo y a sus amistades por varios años. No le hacía ninguna falta salir con una mujer. Siempre que lo consideraba, su primer pensamiento era: «No vale la pena». Para la mayoría de nosotros, no obstante, con el tiempo y con la cantidad apropiada de seguridad, normalidad y amistades y actividades saludables, el anhelo por una relación personal vuelve a aparecer.

Todos estos son ejemplos de una respuesta saludable al retorno del deseo. Después de un desencanto relacional, es natural y bueno llenar la vida con personas que pueden estar allí con uno y actuar a nuestro favor. En realidad, si usted trata de fijar límites en un vacío —sin respaldo relacional de otros— por lo general resulta en desastre.

Respuestas inadecuadas al nuevo deseo

Distanciarse de alguien sin tener algún otro lugar a donde ir relacionalmente hace más probable que usted haga acomodos en sus límites, retornando a la persona difícil o dándole mayor poder. La parábola de Jesús de los espíritus y la casa vacía hace eco de esta verdad:

> Cuando un espíritu maligno sale de una persona, va por lugares áridos, buscando descanso sin encontrarlo. Entonces dice: «Volveré a la casa de donde salí.» Cuando

llega, la encuentra desocupada, barrida y arreglada. Luego va y trae a otros siete espíritus más malvados que él, y entran a vivir allí. Así que el estado postrero de aquella persona resulta peor que el primero. Así le pasará también a esta generación malvada (Mateo 12:43-45).

Aunque el relato de Jesús trata de la necesidad de renovación espiritual, el principio es el mismo: después de una dificultad relacional, si usted fija límites, pero está vacío por dentro, es incluso más vulnerable a permitir una relación tóxica e inconveniente en su vida. Por ejemplo, mis amigos Ken y Laura tuvieron grandes luchas con Leslie, su hija adolescente. Leslie se escapaba a todas horas de la noche para ir a fiestas donde corría el alcohol y las drogas. Intentaron con la consejería, pero la condición de Leslie era demasiado seria. Finalmente, Ken y Laura la mandaron un internado terapéutico que ofrecía ayuda especializada para ella. El matrimonio sintió alivio. La conducta de Leslie les había amargado la vida durante los dos años pasados.

Sin embargo, tan pronto Leslie llegó al internado, empezó a llamar y a mandarles correos electrónicos a sus padres continuamente, suplicándoles que la dejaran volver y diciéndoles que se sentía sola y los echaba de menos. Estos mensajes penetraron en el vacío interno de Ken y Laura, donde ellos estaban empezando a echarla de menos, y al final le permitieron volver después de seis semanas, es decir, unos cuantos meses antes de lo indicado. Los resultados fueron desastrosos. En menos de un mes, Leslie volvió a su mal comportamiento. Finalmente, la pareja tuvo que internarla de nuevo, y esta vez exigiendo que se quedara por todo el tiempo necesario.

¿Echaba Leslie de menos a sus padres? Seguro. Pienso que en realidad los amaba y estaba apegada a ellos. No fingía en cuanto a la relación personal, pero no estaba lo suficiente lista ni sana. Fue el vacío interno de Ken y Laura, mezclado con algo de culpabilidad paternal, lo que los empujó a una opción inadecuada.

Acercamiento-evasión. Como en el caso del esposo que lucha por volver a encender su deseo a fin de reconectarse con su esposa después que ella ha tenido un amorío, muchos tienen un tiempo muy difícil cuando vuelve a surgir el deseo. Sienten la necesidad de conexión, pero no pueden responder a ella. El motor está funcionando, pero el automóvil sigue en marcha neutra. Los psicólogos le llaman a esto el problema «acercamiento-evasión del conflicto». Dos impulsos separados están en guerra dentro de su ser. Uno dice: «Quiero acercarme más», y el otro indica: «¡Advertencia, peligro!», de modo que usted siente el tira y afloja entre los dos.

En realidad, tal vez incluso anhela que el deseo desaparezca, porque resulta menos perturbador y doloroso. Sin embargo, una vez que el deseo ha vuelto después de que usted se ha protegido con límites, es difícil volver a meter al genio en la botella. En verdad esto es una señal de salud y una indicación de que usted está volviendo a la vida emocionalmente.

La mayoría de nosotros hemos cometido unos cuantos errores en el camino cuando vuelve el deseo. No es el fin del mundo, pero puede retardar su avance más allá de los límites. Mi mejor recomendación es que se mantenga en contacto y sea real con unas cuantas personas maduras que lo quieran y le digan la verdad. Esto puede ayudarle a no cometer serios errores y compromisos antes de que esté listo.

Rechace la victimización

Cuando usted empieza a avanzar más allá de la autoprotección y a entrar de nuevo en el mundo de confiar otra vez, tenga cuidado con la tendencia a verse como víctima. Es una respuesta común a una relación personal mala, pero no le ayudará a entablar las conexiones saludables que está buscando. La mentalidad de víctima se caracteriza por tres tendencias: *un sentido de impotencia globalizada para actuar y hacer mejor las cosas, un enfoque en el «otro malo», y la percepción de superioridad moral.* Analicemos esto de manera detallada.

Impotencia global. Usted siente que no tiene alternativas, que el otro le «obliga» a hacer cosas que no desea hacer. La impotencia global puede resultar de experiencias negativas fuera de su control. Cuando usted ha invertido emocionalmente en alguien, ya sea en los negocios, el romance o la amistad, a menudo le permite al otro una influencia desproporcionada sobre sus pensamientos, sentimientos y decisiones. A veces la línea entre el control y la confianza se desvanece, y usted permite que las percepciones del otro determinen sus decisiones más de lo que deberían.

Esta dinámica produce un sentido de impotencia, una sensación de que no puede escoger protegerse cuando está con alguien que quiere. La esposa codependiente del alcohólico es un buen ejemplo. Cuando él está sobrio, pide disculpas entre lágrimas y promete que nunca más volverá a suceder. Y en contra de su mejor juicio y valores, la esposa cede a la manipulación, solo para más tarde lamentarlo. Esto refuerza su sensación de: «No tengo ni alternativas ni poder». Veo tal cosa sucederse también en la fuerza laboral, en especial cuando alguien tiene que reportarse ante un jefe controlador. La persona se siente acosada por la excesiva dominación, pero en realidad tiene alternativas muy limitadas para empezar, porque está tratando con un jefe. El resultado es una sensación de futilidad, como si dijera: «¿De qué sirve tratar?».

No se rinda a la posición de impotencia. Usted no tiene alternativas infinitas, puesto que ninguno de nosotros es Dios. No obstante, a menos que alguien le ponga una pistola en la cabeza, tiene algunas opciones. Por ejemplo, en el caso del jefe controlador, he trabajado con profesionales que primero tuvieron que aprender a tener conversaciones difíciles con su superior. Luego precisaron celebrar otra reunión con el jefe, y el jefe del jefe, seguida de una reunión con el departamento de recursos humanos. Todo esto consume tiempo, pero el proceso está diseñado para que resulte. Maximice sus opciones, hágalo aunque sea difícil, y no se rinda a la impotencia global.

Enfoque en el «otro malo». Esta es la tendencia a ver sus problemas y dificultades, y a veces toda su vida, a través de los lentes de cuán dañina fue la otra persona. Cuando usted atraviesa unas cuantas malas experiencias con alguien, eso le deja recuerdos desagradables. Para lidiar con esto y resolverlo, todos necesitamos una temporada de protesta, en la cual nos permitimos detestar lo que nos sucedió y renunciar a ello. Básicamente, necesita decir: «¡Ay, no me gusta esto! ¿Por qué me sucedió a mí?». Se trata de una forma de confesión o de concordar con la verdad de la experiencia. La protesta coloca el asunto frente a usted y establece una relación con aquellos que le entienden y le respaldan.

Así es como todos empezamos a conectarnos, recuperarnos y crecer a partir de nuestras experiencias; no podemos sanar de aquellas cosas que no confesamos y sobre las que protestamos. David protestó vigorosamente cuando encontró sus propias dificultades: «¿Por qué, SEÑOR, te mantienes distante? ¿Por qué te escondes en momentos de angustia?» (Salmo 10:1). Él le dio voz a sus sentimientos negativos y su dolor.

Sin embargo, la protesta se limita a una temporada. Tiene un principio y un fin. Una vez que la protesta ha cumplido su propósito, entonces se pasa a una aceptación de la realidad y una integración de esa realidad a la vida. Nos recuperamos, aprendemos y avanzamos. Sin embargo, a veces algunos se niegan a terminar esta fase y hallan que no es una temporada, sino una condición permanente. Es decir, se atascan dedicándole tiempo, energía y atención a lo malo que fue el otro. Sus pensamientos, recuerdos y conversaciones van cargados de referencias a ese individuo y su destructividad.

Una vez asistí a una fiesta donde conocí a una pareja que había estado casada por un año. El esposo había atravesado previamente un doloroso divorcio. Durante los primeros diez minutos de nuestra conversación él mencionó tres veces la pesadilla que había sido su antigua esposa. Siempre expresaba las cosas como para que parecieran elogios a su nueva esposa, pero no fue así como se oía. Por ejemplo: «Las cosas son mucho mejores con Stacy de lo que fueron jamás con Beth», o «Después de todo lo que me pasó, en realidad aprecio a Stacy». No obstante, resultó en realidad vergonzoso, y lo lamenté por su nueva esposa. Podía imaginarme que ella hubiera preferido haber recibido un reconocimiento por sí misma, y no en comparación con otra mujer. Sin embargo, claramente este hombre no había terminado su protesta en cuanto a «la mala». No se trató de solo una temporada para él; estaba en peligro de que la mentalidad de víctima se volviera su identidad, condición que podría y probablemente socavaría también su nuevo matrimonio.

Sus amigos más íntimos lo escucharán, respaldarán y estimularán mientras usted saca de su sistema la protesta, pero no tendrán paciencia para siempre. Una temporada interminable de desahogo no es buena para usted tampoco. Concentrarse en el otro malo ocupa demasiado espacio en su vida y su mente, e inhibe su capacidad de hallar nuevas personas y oportunidades.

La percepción de superioridad moral. Usted sabe que ha entrado en el mundo de la mentalidad de víctima cuando se enfoca en su superioridad moral con relación al otro. Lo ve como una persona mala, o por lo menos no tan buena como usted mismo. Puede concentrarse en los pensamientos de que él fue el noventa por ciento o incluso el ciento por ciento responsable del problema. Por ejemplo, la esposa traicionada puede pensar: *Yo nunca le haría lo que él me hizo a mí.* Pensamientos como estos, aunque tal vez sean verdad, pueden causarle problemas.

La razón por la que la percepción de superioridad moral no le ayuda es porque impide su crecimiento y las buenas relaciones. Inhibe su crecimiento personal porque el crecimiento requiere humildad. Un enfoque en ser el chico bueno no le provee mayor incentivo para examinar los problemas y cambiar. Las personas saludables tienden a evitar a los que están atascados en la posición de superioridad moral. Nadie quiere caminar por la vida con alguien que se ha dedicado a ser el chico bueno, pues resulta difícil ser sincero y real con ese tipo de personas.

Una vez trabajé con una pareja, por ejemplo, en la que la esposa estaba más preocupada por tener razón que por conectarse con su esposo. Cuando discrepaban, él estaba dispuesto a considerar su parte y reconocer dónde pudiera haber fallado. Ella, sin embargo, discutía a más no poder incluso por las cosas más pequeñas, tales como por qué llegaron tarde a una sesión, a fin de no estar equivocada. La esposa persistía aun cuando sabía que al hacerlo alienaba a su esposo.

Así que, si en realidad usted es el chico bueno o incluso la parte inocente en un conflicto relacional, que sea algo de lo cual se da cuenta. Alégrese de no haber participado profundamente en la disfunción. Eso es bueno y habla bien de usted. Al mismo tiempo, esté dispuesto a asumir la actitud humilde de ser un aprendiz y una persona que crece. No aplique sus energías a su superioridad moral. No le servirá de nada. Y a un nivel más profundo, sirve recordar que, aunque tal vez el otro lo ha maltratado, no hay lugar para la superioridad moral en la vida de ninguno de nosotros. En última instancia, un alto precio ya ha sido pagado por la deuda moral que todos debemos: «Porque Cristo murió por los pecados una vez por todas, el justo por los injustos» (1 Pedro 3:18).

Los antídotos a la victimización

Hemos visto las tres características de la victimización que acabamos de mencionar y que mantiene a las personas desdichadas y también hacen infelices a los que las rodean. Manténgase lejos de la posición de víctima. Más bien, sea una persona que asume sus propias responsabilidades, presta atención a su vida, y escoge permanecer en una posición humilde. He aquí algunas sugerencias para ayudarle.

Perdone y sea perdonado. Si ha sufrido daño por una relación de negocios o algún familiar le ha desilusionado, cancele la deuda y abandónela. El perdón es la norma para el cristiano: «Más bien, sean bondadosos y compasivos unos con otros, y perdónense mutuamente, así como Dios los perdonó a ustedes en Cristo» (Efesios 4:32). No obstante, con igual insistencia, busque cualquier cosa por la que tal vez necesita ser perdonado también. Quizás no haya nada malo que usted haya hecho, pero vale la pena considerarlo.

Tal vez usted se hizo de la vista gorda cuando surgió un problema y no lo confrontó. O quizás no buscó el consejo de personas que le habían dicho que evitara esa relación personal. Sin embargo, a una escala mayor, simplemente sea en general una persona que confiesa y se arrepiente. Es decir, sincérese con Dios diciéndole que usted comete equivocaciones a diario, independientemente de la relación personal difícil. Eso es bueno para su alma. Mi experiencia con el papel de víctima es que mientras menos una persona ve que necesita recibir perdón, más fuerte es la victimización. Cuando empiezan a ver las contribuciones con que aportaron a su propia desdicha y piden perdón, la fortaleza empieza a derrumbarse.

Sea proactivo. Tome la iniciativa y dé los primeros pasos en todo aspecto de la vida: financiero, relacional, profesional, familiar, personal y espiritual. Imagínese lo que quiere, fije metas y haga planes. Esta es una vida proactiva, y le permitirá avanzar una gran distancia para resolver en usted la victimización. Una vez que sienta la ráfaga de adrenalina que resulta al tomar una iniciativa positiva, así como la sensación de poder y libertad que produce, la impotencia global empieza a disiparse.

Avance del «debería» a lo que es real. Concentrarse en lo que debería haber sucedido mantiene a las víctimas atascadas: *Yo debería haber recibido la promoción. Mi papá debería haberme afirmado. Mis hijos deberían haberme apreciado.* Esto no lo lleva a ninguna parte, porque el «debería» es un ideal que no sucedió. Concentrarse en lo real le ayudará.

Considérelo como aprendizaje para resolver problemas: *Descubriré por qué no recibí la promoción y la conseguiré la próxima vez. Obtendré la afirmación de un hombre maduro y usaré eso para dejar de pensar en lo que mi papá no hizo. Me contentaré con el hecho de que a mis hijos les va bien en la vida, aunque no me den ningún crédito.* Esas decisiones le darán un sentido fresco de la vida, el cual le ayudará a dejar atrás la mentalidad de víctima.

PARTE 2

CÓMO SABER CUÁNDO USTED ESTÁ LISTO

Durante una de mis sesiones rutinarias de ejercicio en el gimnasio, levanté pesas para los músculos superiores en un ángulo incómodo y sentí un agudo dolor en el hombro. No le di mucha importancia, pero en los días que siguieron el malestar no desapareció. Fui a ver al terapeuta físico, quien me dijo que me había distendido un músculo. Me recetó ejercicios de estiramiento y unas pocas semanas de dejar a un lado el entrenamiento de la parte superior del cuerpo. No me molestaron los estiramientos, pero conforme pasaban los días en que no hacía mis ejercicios de levantamiento de pesas, me impacienté. No me gustaba la sensación de perder terreno, así que apuré el calendario y volví a los ejercicios para los músculos superiores. Esta vez el dolor fue incluso más agudo.

No fue sorpresa que acabara de nuevo en el consultorio de mi terapeuta físico. Después de sermonearme, me dijo: «Te pones en camino a necesitar una cirugía si no tomas esto en serio». Entonces duplicó la cantidad de tiempo lejos de las pesas. Esta vez presté atención y me abstuve de hacer ejercicios para esos músculos.

De manera similar, usted puede tener la tendencia a precipitarse en su vida relacional. A veces las personas rebotan y saltan a nuevas relaciones personales equivocadas, otras veces se involucran demasiado temprano, e incluso en ocasiones confían en alguien antes de que sea tiempo de confiar. Cuando una relación personal parece tener potencial, la conexión marcha bien, y los deseos son fuertes, uno no avanza según la secuencia: «listos, apunten, fuego». Es más bien algo así como: «fuego, fuego, fuego». Y entonces el segundo tiempo de recuperación resulta mucho más largo, como en el caso de mi hombro.

O tal vez usted se halle en el campo opuesto. Tal vez sea tan desconfiado que, aun cuando siente el deseo de conexión, se convence a sí mismo de no avanzar, se mantiene atareado y sin participar, y básicamente hace a un lado cualquier movimiento hacia una conexión más profunda. En este caso, en lugar de la secuencia: «listos, apunten, fuego», quizás se incline a «listo, listo, listo», o incluso tal vez a «nunca listo».

O es posible que tenga ambas tendencias, oscilando de la alta cautela a echar por la borda toda prudencia para luego volver a la cautela. Todos tenemos algunas de estas tendencias, pero lo que ayuda es tener una manera de saber dentro de usted mismo cuándo está listo para empezar a sincerarse de nuevo a un nivel más vulnerable con otra persona. Los capítulos de la Parte 2 proveen pautas para ayudarle a determinar eso. Cada capítulo describe un marcador de crecimiento, el cual indica si usted tiene luz verde para avanzar o una bandera de advertencia que indica que debe avanzar con cautela o detenerse por completo. Este es el beneficio: *Usted quiere estar tan listo como sea posible para buscar y conducir las mejores relaciones personales posibles.* Vale la pena aprender cómo dar estos pasos.

5

Admite el daño y recibe respaldo

Nadie quiere ser un mequetrefe o un quejoso. La idea de ser un quejoso difícil de complacer, que espanta a los amigos con detalles morbosos de todo problema relacional, impulsará a la mayoría de nosotros a considerar hacer votos de silencio. Considere, por ejemplo, a Don Draper, el protagonista reservado del programa de televisión *Mad Men* [Locos], quien le dijo a un psicólogo que estaba haciendo una investigación para su compañía: «¿Por qué todo el mundo tiene que hablar de todo?». Somos adversos a mostrar en público nuestros trapos sucios personales.

Usted tal vez se sienta como muchos que, después de una relación personal difícil, simplemente quieren dejarla atrás y avanzar sin mayor conversación. En realidad, algunos se muestran reacios a hablar de sus relaciones personales dolorosas porque piensan que eso le da a la persona difícil incluso más poder y control sobre sus vidas; no quieren desperdiciar nada más de sí mismos en la persona que lo que están obligados a dar. Habiendo dicho esto, no obstante, es bueno aclarar que *si usted no admite el dolor que ha experimentado y recibe respaldo, seguirá siendo incapaz de reconectarse plenamente con otra persona*. Es así de sencillo.

Para tener la esperanza de una relación personal íntima y saludable en el futuro, usted tiene que limpiar las heridas emocionales de la relación personal difícil en el pasado. No necesita hablar con todo detalle de lo que sucedió, pero si la relación personal fue importante para usted, simplemente debe hablar al respecto con unas cuantas personas seguras por algún período de tiempo.

Cuando una relación personal se trastorna, usted sufre una especie de herida por dentro. Puede ser pequeña, moderada o severa, pero hay dolor. Tal vez se sienta usado, defraudado, controlado o denigrado, dependiendo de lo que haya sucedido, pero se trata por completo de una experiencia negativa. En y por sí misma, la existencia de la herida no es malo. De hecho, constituye una señal de que está vivo y esa persona significaba algo para usted. Si la persona que más amaba le clavó la mirada y le dijo: «Ya no te quiero», y usted pensó: *Ah, bien, esa es una decisión que tienes el derecho de tomar,* sin ninguna respuesta emocional, eso es un problema. O bien en realidad nunca se conectó con esa persona para empezar, o algo anda mal dentro de usted. Los problemas con el amor y la relaciones personales deben sentirse mal; y eso es bueno.

No obstante, las heridas no deben seguir siendo heridas. Necesitan sanar. Una herida relacional necesita resolverse a fin de que usted vuelva a la vida normal; es decir, a disfrutar de condiciones saludables, quedar libre del pasado, y ejercer sus dones y pasiones. Y no necesita depender del viejo refrán que dice: «El tiempo sana todas las heridas», porque eso no es cierto. El tiempo, por sí mismo, sana muy poco. Los huesos quebrados necesitan más que tiempo, así como también los hogares en ruina y las vidas que han tenido una relación personal problemática. Lo que usted necesita realmente a fin de sanar es respaldo. Si es una relación personal lo que lo ha lastimado, es una relación personal lo que necesita para sanar.

Cuando usted le hace saber a alguien la naturaleza de su

herida, se está permitiendo ser franco y vulnerable. Al contarle a otro ser humano los hechos y sentimientos de lo que ha atravesado, abandona la percepción de ser todo suficiente e impenetrable emocionalmente. En la presencia de otro, usted reconoce la realidad que ha sufrido y recibe respaldo.

La expresión de debilidad no es simplemente una descarga emocional; tiene un propósito doble. Primero, saca del aislamiento sus heridas, en donde de otra manera se infectarían y las cosas empeorarían. Segundo, trae esas heridas a una esfera relacional, en donde el cuidado y el respaldo pueden reparar el daño.

Esto quiere decir que usted tal vez tenga que volver a visitar las partes más dolorosas de la relación personal y no avanzar demasiado rápido. Si es una persona orientada a la acción, esto puede parecerle como un paso hacia atrás; pero en realidad es un paso hacia adelante. El proceso de volver a visitar el pasado le permite despejar el camino de las relaciones personales previas a fin de no arrastrar basura emocional a su nueva relación.

Mi amiga Jennifer es la clase de persona que piensa solo en avanzar. Siendo dueña de una pequeña empresa y alguien que enfrenta resueltamente la vida y logra que las cosas se hagan, su enfoque positivo y su gran energía motivan a sus empleados y son la clave para su éxito. Cuando su esposo, Scott, de buenas a primeras le dijo un día que había hallado a otra y que iba a terminar su matrimonio, Jennifer no tuvo las destrezas que necesitaba para manejar una traición tan profunda. Así que trató de lidiar con la crisis de la misma manera con que abordaba su trabajo. Tomó asiento y tuvo conversaciones extensas con Scott, tratando de disuadirlo para que no se fuera con la otra. Incluso trató de negociar y de concebir un plan escrito para arreglar el matrimonio.

Sin embargo, se necesitan dos para reconciliarse. Scott ya estaba de salida y no se mostraba receptivo a las ideas de Jennifer. Después de él se fue, ella trató de mantenerse positiva y atareada, dedicándose a su trabajo más que de costumbre. No obstante, pronto halló que no podía gerenciar la empresa con el mismo alto nivel de energía que antes. Empezó a perder interés en su trabajo, su concentración disminuyó, e incluso cometió unas cuantas trastadas financieras estratégicas.

Como amigo suyo, al final le dije: «No puedes ser la fuerte aquí. Simplemente vas a tener que desahogar tus sentimientos con alguien». Jennifer se resistió por varias razones. No quería molestar a otros. Se preocupaba porque podría deprimirse y perder su perspectiva positiva. No deseaba que la vieran como débil. Por último, después de que todos los esfuerzos para volver al camino a fuerza de voluntad y de tratar más fuerte fracasaron, ella se sometió.

Con unos pocos amigos seguros, Jennifer se sinceró y les contó lo destrozada que estaba en realidad porque Scott la había dejado. Eso no les sorprendió. Ellos le habían preguntado cómo le iba cuando empezó la crisis, y ella rápidamente había minimizado el dolor. Pero no esta vez. Y aunque fue doloroso sacar las heridas sufridas en las relaciones personales con otros, Jennifer sintió gran alivio, confort y compañía cuando lo hizo.

Ese fue el principio del peregrinaje de Jennifer para salir de su matrimonio fracasado. Si no hubiera permitido que otros entraran en su vida, lo más probable es que fuera una adicta al trabajo deprimida, solitaria, en lugar de ser la persona vibrante que es hoy.

Si usted es como Jennifer, necesita avanzar más allá de la tendencia a minimizar, hacerse el fuerte e intentarlo solo. Le irá mucho mejor cuando permita que los antibióticos de las relaciones personales de respaldo calmen esas heridas internas donde reside la infección; pero sé que no es fácil.

En un tiempo aconsejé a Allan, un hombre de negocios que tenía una relación personal trastornada con su padre. Fue significativo para su vida emocional y también para su vida profesional. Aunque el papá de Allan había sido un hombre muy trabajador, también criticaba el éxito de su hijo e incluso se sentía amenazado por eso. No quería que su hijo sobresaliera más allá de su propio nivel de éxito profesional y se sentía intimidado por los logros y el potencial de un hijo brillante y talentoso. Cuando el muchacho llegó a ser adulto, cada vez que tenía un pequeño revés en su empresa sentía intensa vergüenza y humillación, un profundo ataque contra sí mismo. Estas experiencias fueron tan dolorosas que Allan escondía sus fracasos de otros e incluso de sí mismo. Por supuesto, esto también le impedía aprender del fracaso, lidiar abiertamente con el mismo y avanzar con éxito en su campo. No estaba alcanzando ni en sueños su potencial como hombre de negocios.

Al mismo tiempo, Allan se mantenía leal a su papá y a toda la educación que le había dado. Así que le costaba mucho admitir sentimientos negativos de dolor y enojo contra su progenitor. No quería deshonrar a su padre. Y cuando en ocasiones les contaba algo a otros en cuanto a las dificultades en su relación personal con su papá, inevitablemente los cortaba si expresaban cualquier empatía, diciendo: «Está bien; las cosas ya están bien». La gente se quedaba confusa por esto. Se sentían identificados con su experiencia, pero reprendidos por sus respuestas cortantes.

Este tira y afloja entre reconocer su dolor y luego minimizarlo reflejaba la batalla que libraba por dentro. Por más que Allan quería decir la verdad sobre su herida relacional con su papá, no deseaba que su padre fuera el chico malo. Traje este patrón a su atención y le dije: «Ya honras a tu papá, pero cuando no dices la verdad, lo deshonras creando una persona que no existe». Él lo comprendió y entonces pudo permitir que saliera a la luz toda la experiencia. Cuando finalmente pudo contar su problema, las personas en su vida que lo querían pudieron respaldarlo y expresarle empatía. Con el correr del tiempo el desempeño profesional de Allan alcanzó niveles mucho más cercanos a sus capacidades reales.

Este es un paso difícil de dar, pero una vez que empieza el proceso de sincerarse, puede hallar que no es tan duro como pareció en un momento. Usted está diseñado para conectarse. En realidad, el hecho de permitirles a otros tener acceso a los lugares dolorosos de su interior se siente bien. Admita la herida y reciba el respaldo, y así está en camino.

6

Entiende sus propias decisiones pasadas

Las relaciones personales difíciles tienden a proveernos más momentos de enseñanza que las relaciones rutinarias. Las relaciones difíciles y problemáticas producen en nuestras vidas un agudo enfoque en la conexión y lo que salió mal. Esto es bueno, en realidad. Si uno dedica tiempo y energía a asegurarse qué salió mal, con menos probabilidad cometerá la misma equivocación de nuevo. A un nivel más hondo, uno se conocerá a sí mismo y a otros de una manera útil y provechosa.

Siempre que converso con las personas acerca de sus relaciones personales, uno de los primeros temas sobre los que les pido que hablen es de una relación dolorosa del pasado. A menudo titubean para hacer esto, bien sea porque no entienden el propósito al que sirve (*¿Por qué tengo que pensar en esto? Ya está en el pasado y necesito avanzar*), o porque temen el dolor que pudieran hacer aflorar (*No me haga que retroceda a eso; son recuerdos oscuros que no quiero volver a visitar*). Sin embargo, las personas a quienes entreno tienen que aprender de sus decisiones relacionales pasadas, y también usted. En realidad, usted las ignora a riesgo suyo, pues si no lleva a cabo el trabajo que se describe en este capítulo, prácticamente puedo garantizarle que repetirá los errores pasados en sus relaciones personales futuras.

Al guiar a las personas en el proceso de examinar una relación difícil previa, la pregunta que he hallado más útil es esta: *¿Cuál fue la recompensa de su decisión?* En otras palabras, ¿qué pensaba que iba a conseguir cuando empezó una relación con esta persona?

Usted escogió a su persona difícil por una razón: hubo algo que valoraba, quería y esperaba. Y debido a que la necesidad era fuerte, *tal vez no le prestó atención a algo más en el carácter de esa persona.* Bien sea minimizó o negó alguna señal, alguna realidad, alguna luz de advertencia de que todo no marchaba bien; y el asunto de carácter acabó siendo una cuestión mucho más grande de lo que pensaba.

Por supuesto, existen relaciones personales en las cuales hay poca opción o ninguna: un padre o madre, un hermano o hermana, o un compañero de trabajo. En estas situaciones, usted no hizo la selección; alguien la hizo en su lugar. Sin embargo, con todo es útil pensar en cómo usted pudiera haber permitido, ignorado o negado los rasgos negativos de la persona *dentro del contexto de la relación personal.* Por ejemplo, suponga que trabaja con alguien que siempre está pidiéndole que lo rescate cuando no prepara a tiempo sus informes. Piense en las veces que pudiera haberlo salvado de su propia responsabilidad y por qué lo hizo. ¿Quería mantener la paz? ¿Sintió lástima por el? ¿Pensó que si lo ayudaba una vez más sería más responsable?Un enfoque útil para comprender sus decisiones pasadas es primero echarle un vistazo al carácter de la persona con quien ha tenido problemas. Los problemas del carácter impulsan las actitudes y conductas que producen dificultades en una relación personal. Después de eso, considere la recompensa. La recompensa *es el beneficio que esperaba ganar al soportar el carácter del individuo.* Simplemente tendemos a ignorar la mala conducta si hay algo importante que necesitamos de la persona.

Identifique los problemas de carácter

Mencioné que tendemos a pasar por alto los problemas de

carácter en alguien que nos interesa. Y con la palabra «carácter» no quiero dar a entender integridad, moralidad o fe en Dios. Esa es la forma en que usualmente se entiende la palabra. Defino carácter como *ese conjunto de destrezas que necesitamos para enfrentar las demandas de la realidad*. La realidad demanda que atendamos muchas cosas: las relaciones personales, el amor, los conflictos, los problemas, las pérdidas, las finanzas, nuestra misión en la vida, el cuidado propio, para mencionar unas pocas. Exige capacidades y destrezas atender lo que la vida nos echa encima. Destrezas tales como la capacidad de conectarnos a niveles más profundos, ser honrados, fijar límites saludables, y aceptar y adaptarnos a las pérdidas en nuestras vidas, son algunos ejemplos.

Así que cuando hablo de problemas de carácter me refiero a los déficits en esas destrezas, los cuales se interponen al amor y la integridad, y eso para no mencionar el crecimiento. Estos son unos pocos ejemplos:

- Engaño
- Inaccesibilidad emocional
- Control
- Manipulación
- Excusas
- Culpabilidad

- Una posición de víctima
- Irresponsabilidad
- Desconfianza
- Condenación
- Estar absorto en uno mismo
- Narcisismo

Repase la lista por un momento y piense al respecto. Nadie en sus cabales se inscribiría para enamorarse o invertir en la vida de alguien que exhibe estas características. Estas son *cosas malas*. Hacen daño, alienan y arruinan las relaciones y a las personas.

Sin embargo, en verdad lo hacemos todos los días. Usted probablemente piense en unas cuantas personas que poseen varias de estas características, individuos en quienes ha confiado o con los que ha sido vulnerable. ¿Por qué? Porque usted no estaba en sus cabales. En serio. Estaba desconectado de la realidad, en un estado de locura temporal. No quiero decir que necesitaba medicamentos antipsicóticos. Quiero indicar que usted ignoró alguna verdad en cuanto al carácter de la persona, y esto tiene que ver con la recompensa. La recompensa por la que se sintió atraído lo cegó a la verdad de lo que en realidad estaba pasando.

A veces algunos dicen cosas como: «Todo surgió de la nada. Él se había portado muy bien conmigo, y luego cambió». En su experiencia, alguien movió un interruptor y el día se volvió noche, sin ninguna advertencia. La persona se siente estremecida, aturdida, y a veces en un estado de conmoción. La realidad, sin embargo, es que las cuestiones de carácter jamás son repentinas. Lleva tiempo desarrollarlas y son patrones que ya tienen una larga duración. No hay ningún interruptor. Los patrones estuvieron allí todo el tiempo, pero su deseo de mantener la relación lo cegó.

Ciertamente, si la persona difícil es una víctima de trauma y sufre de desorden de estrés postraumático, eso pudiera tener sentido. Los que sufren trauma tienen retrocesos repentinos, cambios súbitos de talante, e inestabilidad emocional. Si ese es el caso, usted debe tener compasión por la persona y echarle la culpa de la desdicha al trauma. No obstante, la mayoría de los problemas relacionales se basan en el carácter, no en el trauma. Los altos niveles de egoísmo, el control o la irresponsabilidad, por ejemplo, no son resultados usuales del trauma. Así que asegúrese de distinguir entre carácter y trauma.

Determine cuál es la recompensa

Al hablar de recompensa quiero indicar los rasgos y las destrezas de otros que pensamos que harán nuestra vida mejor. Son aspectos positivos de la psiquis de una persona a la que nos sentimos atraídos o de quien tenemos necesidad. Nuestro anhelo embota nuestra conciencia en cuanto al lado oscuro de esa persona. Estos son solo unos pocos ejemplos. Por algún período de tiempo en la relación, la persona posee lo siguiente:

- *Calor:* Ella me trataba con bondad y atención.
- *Afirmación:* Ella vio lo bueno en mí.
- *Seguridad:* Él no me condenó ni me juzgó.
- *Estructura:* Ella era organizada y conseguía que las cosas se hicieran.
- *Humor:* Ella me ayudó a aligerar mis cargas y me alentó.
- *Una gran familia:* Sus parientes eran mucho más saludables que los míos.
- *Empuje:* Ella sabía enfocarse y a dónde quería ir.
- *Iniciativa:* Ella corrió riesgos y fue valiente en la toma de decisiones.
- *Competencia:* Él tenía talento, y yo necesitaba su competencia en mi organización.
- *Destreza con las personas:* Trata a las personas mejor que yo, así que dependía de él.
- *Inteligencia:* Ella era inteligente, y yo necesitaba personas talentosas en mi departamento.

En los casos más difíciles, la característica es simplemente que *me gustó.* Es decir, algunas personas se sienten tan solas y desesperadas que se muestran agradecidas simplemente cuando alguien las busca, sin tener en cuenta cuál pueda ser el carácter de esa persona.

Sin que importe cómo resulte esto, la recompensa es que *el bien deseado niega lo malo.*

Los vendedores saben cómo maximizar lo bueno y minimizar lo malo en un producto o servicio. Un experto vendedor de automóviles sabe cómo tergiversar la verdad a fin de describir a un vehículo que tiene limitada potencia como «seguro y económico»; a un carro que no es seguro en la calle como «emocionante y divertido». Tenemos una clase similar de capacidad para tergiversar la verdad siempre que se trata de nuestras relaciones personales. Cuando queremos algo verdaderamente con ganas, ignoramos la realidad. El amor no es ciego, pero el deseo puede serlo.

He aquí algunos ejemplos de recompensas:

- Permitió que la controle porque usted es débil y tiene miedo.
- Ignoró el desapego y la desconexión debido a que ella era una persona amable.
- Minimizó su irresponsabilidad porque ella tenía gran personalidad y encanto.
- Le permitió que entrara en su vida porque usted es dada a quejarse y se siente culpable, y él era libre y rebelde.
- Soportó su tendencia a dividir a las personas del equipo porque es un buen estratega.
- No le prestó atención a su infantilismo porque ella estaba necesitada, y usted se sintió protector.

¿Ve como funciona la recompensa? Es un proceso insidioso. Tiende a ocurrir lentamente con el paso del tiempo. Los buenos aspectos por lo general son evidentes y están a la vista. Los malos no aparecen sino más tarde, cuando el éter se desvanece y la luna de miel se acaba. Simplemente, no nos damos cuenta de la recompensa mientras estamos en medio de la relación. Más bien, nos concentramos en resolver problemas, mejorar las cosas, cuestionar nuestro propio juicio y tratar de ser positivos con respecto a todo. No es sino hasta más tarde, después de que hay alguna distancia, que podemos adquirir claridad y perspectiva de las verdaderas dinámicas de lo que estaba pasando.

Estas son unas pocas pautas para ayudarle a repasar sus relaciones personales y adquirir algunas nociones útiles al respecto:

- ¿Qué me atrajo a esta persona?
- ¿Qué me hizo pensar que esta persona era lo que yo necesitaba?

- ¿Cuando noté por primera vez un problema significativo en la relación?
- ¿Cómo minimice el problema a fin de conseguir lo bueno de la persona?
- ¿Cuál fue el resultado de minimizar el problema?

La información que usted reúna aquí será útil para evitar estas cuestiones en sus relaciones personales futuras.

Esto no quiere decir que la otra persona tenga un plan o agenda a fin de engatusarlo. Tal cosa ocurre en ocasiones, pero ciertamente no siempre. La mayoría de las veces las personas difíciles responden a sus propias cuestiones, pero ni se dan cuenta de ellas ni del impacto que ejercen en otros. Digo esto para que no sienta como que fue llevado a una trampa. La mayoría de las veces ambas partes están enfrascadas en un baile disfuncional, y ni uno ni otro sabe lo que está sucediendo. ¡La diferencia radica en que ahora usted puede escoger dejar de bailar a fin de que su futuro sea mejor que su pasado!

Conviértase en un estudioso de sus malas decisiones

La perspectiva de estudiar sus malas decisiones relacionales o sus tendencias a soportar la mala conducta más tiempo de lo que debería no tiene nada de apasionante. Resulta dolorosa e incluso puede ser bochornoso hacer este tipo de autopsia relacional que recomiendo. Sin embargo, también es extremadamente útil. Cuando las luces se encienden y usted ve los patrones relacionales, tiene mayor capacidad para tomar mejores decisiones. Y no solo eso, sino que también es más capaz de atender sus necesidades relacionales *mientras que al mismo tiempo no se sabotea a sí mismo en una búsqueda ciega de la recompensa.*

Esto es algo tremendo. En otras palabras, usted puede tenerlo todo. Puede hallar personas interesantes, cariñosas y fuertes, y no hay ninguna razón en el mundo por la que deba al mismo tiempo rebajarse para aceptar rasgos oscuros de carácter. Ciertamente nadie es perfecto, y hallar a una persona perfecta no es la meta. Pero perfecto dista mucho de oscuro. Mi meta para usted es que se ilumine y se fortalezca a fin de escoger personas que sean a la vez buenas y adecuadas para usted.

He aquí un ejemplo de cómo funciona todo este proceso que va desde la identificación de los problemas de carácter hasta determinar cuál es la recompensa y convertirse en un estudioso de nuestras propias malas decisiones. Michelle, una mujer con quien trabajé, tenía una prolongada historia de escoger hombres que eran amables, pero estaban necesitados. Mostraban la tendencia a ser hasta cierto punto pasivos, sin embargo, eran con todo personas de buen corazón. Su más reciente relación amorosa duró varios años, y finalmente ella se preocupó porque la misma no estaba yendo a ninguna parte. Michelle se había acercado bastante al hombre, y entonces algo dentro de ella la impulsó a distanciarse. Se alejó por un tiempo, solo para volver más tarde.

Michelle tenía gran dificultad para resolver su patrón relacional particular por dos razones. Una consistía en que ella era una persona amable y tenía mucha gracia personal y empatía. Les daba a los otros el beneficio de la duda. El encanto de los hombres que ella escogía la hacía más paciente de lo que debería haber sido. Pensaba bien de ellos y esperaba que crecieran hasta ser la persona que ella necesitaba, o que ella aceptaría lo que estaba allí y se comprometería.

La segunda razón fue que su padre siempre la había criticado mucho y solo se acercaba cuando ella se desempeñaba bien. Siempre que las calificaciones eran buenas y sobresalía en el atletismo y la música, su papá la afirmaba, pero le retiraba su afecto y se volvía frío y crítico cuando Michelle cometía errores o le dejaba ver sus imperfecciones. Debido a este viejo patrón, desarrolló una profunda necesidad de aceptación incondicional de parte de un hombre.

El hombre con quien estaba saliendo al presente era muy condescendiente y cálido con su yo real, con la persona que ella era en realidad. En verdad amaba a Michelle cuando estaba necesitada o se mostraba imperfecta. Esto era como un oasis en su desierto emocional, así que ella no podía alejarse. Sin embargo, al mismo tiempo la parte saludable de Michelle deseaba a un hombre que no fuera tan necesitado o se mostrara tan fuerte como ella. Así que continuaba yendo y viniendo en la relación personal, acercándose a un compromiso y luego distanciándose.

Conforme el patrón se volvió más claro, Michelle pudo gradualmente librarse de la danza de idas y venidas. También cultivó amistad con algunos compañeros, es decir, amigos con los que no tenía ningún vínculo amoroso. Debido a que eran hombres cálidos y fuertes, la ayudaron a llenar los huecos que había dejado su propio padre. Esto redujo la atracción a buscar un papá en su vida romántica y fue capaz de ser objetiva en cuanto a lo que quería en un hombre. Michelle finalmente pudo de despedirse de su relación personal difícil, no debido a que la persona con quien estaba saliendo fuera un mal hombre, sino porque la relación personal no era la apropiada para ella.

He aquí el punto: *En la medida en que usted sea capaz de discernir y apropiarse del patrón relacional en que está atascado, así podrá avanzar más allá de los límites. Sea tan brutalmente honesto y objetivo como pueda. Pida la perspectiva de otros. Mientras más persiga la realidad, más se librará de los patrones que lo han mantenido atascado.*

7

Puede conectar los puntos

Los patrones relacionales tienen un padre, y ese padre es el pasado. Los patrones a que me referí en el capítulo anterior no emergen del aire. Tienen sus raíces en relaciones personales más antiguas, establecidas y significativas, a veces provenientes de la niñez y otras veces de la vida adulta. Con el tiempo, mientras mejor conecte los puntos —entre el pasado y el presente— más libre será para avanzar más allá de sus límites protectores hacia los riesgos que supone la intimidad.

Piense, por ejemplo, en quién es usted como persona hoy: sus valores, intereses y direcciones en la vida. Sus relaciones personales significativas con toda probabilidad desempeñaron una parte principal en quién usted ha llegado a ser. Si le encanta enseñar, un familiar que trabajaba en la educación o uno de sus maestros tal vez lo inspiraron. Si tiene empuje para dirigir una organización, con toda probabilidad alguien lo tomó bajo sus alas y lo animó a aprender y crecer en el liderazgo.

Me apoyé en esta dinámica de conectar los puntos cuando hace poco serví como consultor para una junta de una organización de beneficencia grande que trabaja con niños necesitados. Dirigí un retiro de fin de semana para ayudar a los miembros de la junta a establecer conexiones más profundas con la misión y los valores de la organización, a fin de ayudarlos a trabajar mejor como equipo.

Cuando nos reunimos, les hablé sobre de dónde surge la pasión y señalé que la mayoría de las veces brota de las relaciones personales. La mayoría de las personas no dan donaciones a una obra de beneficencia, ni mucho menos se comprometen a una membresía en una junta directiva, basadas en una declaración de misión o un documento de valores esenciales. Las personas están atareadas y tienen grandes demandas de su tiempo. Algo personal tiene que estar involucrado para que un individuo dedique tiempo, energía y dinero a una organización. Los conceptos no impulsan ese tipo de dedicación; las relaciones personales sí. Nos comprometemos con algunas causas y organizaciones debido a cómo se intersectan con nuestra propia experiencia en la vida. Escribí una lista con algunos ejemplos de cómo esto pudiera haber sucedido para los miembros de esta junta directiva en particular:

- A sus padres «les gustaban los chiquillos» y su casa fue un lugar especial donde pasaban tiempo sus amigos.
- Usted conoció a muchachos en su barrio o escuela cuyas situaciones familiares resultaban destructivas y dolorosas.
- Su iglesia se dedicaba grandemente a alcanzar a los chicos necesitados, así que se vio expuesto a eso.
- Participó como adulto en ayudar y entrenar chiquillos.
- Un amigo lo invitó a recoger fondos para una obra de beneficencia y lo conmovieron las historias que se contaron en esa reunión.
- Usted sufrió descuido y abuso en su hogar al crecer, de modo que siempre se ha mostrado sensible con otros que atraviesan lo mismo.

La agenda del retiro era doble: Conectar a las personas con sus propias experiencias en cuanto a chicos en riesgo y conectar a los miembros de la junta unos con otros para que puedan funcionar a un nivel más alto como equipo. Les pedí a todos que llevaran a cabo un ejercicio. Indiqué: «Miren esta lista por un momento y vean si algunas de estas experiencias es la suya. A lo mejor ustedes anotan algo que no está en la lista. Piensen en lo que primero captó su atención en cuanto a esta obra de beneficencia a nivel personal, luego vayan por el salón y cuéntenles a otros sus experiencias».

Uno por uno los asistentes relataron sus historias. Uno había tenido un amigo en problemas. Otro se benefició de familias que lo habían alcanzado. A uno lo conmovió una solicitud durante una cena. Otro había sufrido maltrato personal. Sin embargo, conforme las personas hablaban, uno podía ver cómo se conectaban los puntos entre sus experiencias pasadas y sus valores presentes. Estaban volviendo a las raíces de por qué se habían comprometido de la forma en que lo hicieron, de modo que las decisiones tuvieron más sentido para ellos. Al mismo tiempo, se miraron unos a otros y reconocieron las cosas que tenían en común: «No sabía eso de ti». «Tuve una experiencia muy similar a la tuya». «Te he conocido por largo tiempo en esta junta y nunca entendí qué fue lo que te atrajo a participar».

En este capítulo usted aprenderá cómo preparar su propia narrativa de manera que lo ayude a proveer una perspectiva en cuanto a sus relaciones personales difíciles. Esta comprensión es una senda a la libertad en cualquier conexión presente o futura que tenga.

¿Cuál es su narrativa relacional?

Tal como los miembros de la junta de directores tuvieron historias en cuanto a sus compromisos de beneficencia, usted tiene una narrativa acerca de sus compromisos relacionales. Su narrativa afecta la forma en que se relaciona hoy, pero eso no empezó repentinamente con su relación personal problemática. Brotó del terreno de las conexiones anteriores que formaron e influyeron en cómo actúa, siente y piensa en sus relaciones personales. Por supuesto, mientras más tempranas las relaciones personales, tales como las establecidas con su familia de origen, mayor la influencia que esta narrativa ejerce en quién es usted y cómo se relaciona con otros.

En verdad, incluso puede ser que su relación personal problemática sea con un padre o madre, hermano o hermana, o alguien de su niñez. Y mientras más severos los problemas, más influencia ejercerá su narrativa en sus relaciones personales presentes. Aprendemos en cuanto al amor, la intimidad, el control y la realidad de los que están más cerca de nosotros. Aunque en última instancia tomamos nuestras propias decisiones, aquellos que más nos importan nos marcan profundamente, para bien o para mal.

Usted tal vez haya oído que uno llega a parecerse a las personas con quienes está y copia sus características. El término psicológico para esto es *fusión*. La fusión tiene lugar cuando un individuo enfrenta los mismos problemas que atraviesa su familia. Por ejemplo, una familia alcohólica produce un hijo adulto alcohólico. Sin embargo, también hay excepciones a esto. A veces reaccionamos en *oposición* a la forma en que nos trataron en un esfuerzo por separarnos de la toxicidad que experimentamos, o debido a que estamos determinados a no parecernos a las personas que nos hicieron daño. Reaccionamos *en contra*. Así es como el quisquilloso por la pulcritud surge de un hogar caótico y el rebelde proviene de un medio ambiente exagerado en cuanto al control.

Todos tenemos algún tipo de respuesta a nuestro medio ambiente formativo. A veces adoptamos las características problemáticas con que crecimos y a veces reaccionamos contra ellas. Cuando se trata de relaciones personales, ni un enfoque ni el otro ofrece una solución real, aunque la persona que actúa en oposición puede por lo menos identificar que hay un problema que resolver. No obstante, ni la una respuesta ni la otra arreglará el problema de raíz. Esto se debe a que ambas posiciones *se basan en el temor, no en el crecimiento*.

La fusión tiene que ver con el temor. Ocurre cuando una persona adopta las disfunciones de su familia por temor a ir en contra de los padres o discrepar con ellos. Por ejemplo, no quiere separarse de la familia o enfadarse con ella. La reacción en oposición a las disfunciones familiares también se basa en el temor. La persona tiene miedo de dejarse tragar o asfixiar por un sistema enfermo, de perderse a sí misma, así que da un giro de ciento ochenta grados del patrón de sus padres.

Estos son algunos ejemplos de dinámicas familiares y cómo una persona puede responder, ya sea con la fusión o la oposición. Al revisar la lista, vea si usted se identifica con algunos de estos escenarios. Note que a veces varios patrones pueden estar activos simultáneamente, así que es posible que se relacione con más de uno.

Dinámica: Sus padres fueron personas amables, pero desalentaban la honradez, la confrontación y el enojo.

Fusión: Usted evade la confrontación y a menudo parece hallarse con personas coléricas o controladoras.

Oposición: Se enoja con facilidad y es demasiado confrontacional con otros.

Dinámica: Su familia se mostraba algo rígida y todo era una cuestión de blanco y negro en sus valores y reglas básicas para la vida.

Fusión: Tiene dificultades con lo desconocido, lo complejo, y lo difícil de solucionar, tales como los problemas que no se resuelven rápidamente.

Oposición: Usted se siente tan impulsado a explorar toda opción, que tiene dificultades para comprometerse y lograr que las cosas se hagan.

Dinámica: Experimentó una buena estructuración y cuidados en su familia, pero sus familiares nunca hablaban sobre cuestiones de sentimientos o relaciones personales.

Fusión: Usted vive en el mundo de la mente y se siente incómodo con el lado emocional de la vida.

Oposición: Es tan emocional que sus sentimientos a veces le causan problemas.

Dinámica: Usted tuvo un padre que era cariñoso, pero irresponsable, o no era de fiar.

Fusión: Tiene dificultades para asumir la responsabilidad por su vida y cederle el control a otros.

Oposición: Tuvo que crecer con rapidez y se volvió exageradamente responsable y plagado de culpabilidad.

Dinámica: Usted vivió en un hogar donde reinaba el caos.

Fusión: Se siente incapaz de cumplir metas, terminar proyectos y tener una estructura en su vida

Oposición: Se ha vuelto rígido y permite que su calendario se interponga en sus relaciones personales.

Dinámica: Tuvo un padre inmaduro.

Fusión: Se siente y a veces actúa como un chiquillo estando con otros adultos.

Oposición: Se ha convertido en lo que los psicólogos llaman un «hijo parental». Usted aprendió a ser padre de sus padres, atendiendo sus necesidades emocionales, no siendo una molestia, y siempre enorgulleciéndolos.

Dinámica: Tuvo padres perfeccionistas.

Fusión: Desarrolló una presentación falsa e ideal de quién es usted para evitar la vergüenza y que lo juzguen.

Oposición: Echó por la borda sus valores y estándares y se dio por vencido en cuanto a tratar de ser una buena persona, sabiendo que nunca será lo suficiente bueno.

¿Con cuál dinámica de esta lista se identificó? ¿Sintió un alivio, como cuando alguien afirma: «Algunas luces se encendieron»? ¿Fue una experiencia negativa, como si dijera: «Esto saca a la luz cosas viejas que no quiero recordar»? ¿Se identificó con más de un patrón? Anote cualquier idea que pueda habérsele ocurrido. Esto lo ayudará a continuar entendiendo su pasado relacional de modo que el futuro sea mejor para usted.

Conectar su pasado con su presente es una parte importante de avanzar más allá de los límites. Cuando usted identifica su narrativa —la situación que forjó sus relaciones personales y experiencias tempranas de la vida— y comprende su respuesta a la misma, está en buen camino para hallarle sentido a sus decisiones relacionales pasadas. Este proceso no es un juego de echar la culpa, ni tampoco significa ser desleal. Se trata de un esfuerzo por entender lo que está pasando a un nivel más profundo, a fin de que pueda crecer, perdonar, cambiar y sanar. Lo animo fuertemente a que dedique tiempo para conectar los puntos entre su pasado y su presente. Exige trabajo y a menudo valentía, pero bien vale la pena el esfuerzo. Además de proveer nociones personales que lo ayudarán a crecer, también le permitirá entender por qué ha tenido dificultades relacionales para empezar.

¿Cuál es su pieza faltante?

Supongamos que ha identificado la dinámica de su familia, bien sea a partir de uno de los ejemplos que anteceden o basándose en sus propias reflexiones. ¿De qué manera afecta esto sus decisiones relacionales? He aquí la respuesta: *Las heridas relacionales sin sanar nos impulsan a realizar esfuerzos compulsivos para reparar el daño.* Es decir, sin darnos cuenta de ello, buscamos personas que pensamos que pueden «arreglar» lo que anda mal en nuestra vida o ayudarnos a encontrar una pieza de nosotros mismos que pensamos que falta. Funcionamos emocionalmente como el hombre hambriento que busca en un basurero y ve su almuerzo en lugar de basura. Su percepción se encuentra tan impulsada por su necesidad que está dispuesto a comer algo que bien pudiera enfermarlo.

Aunque quizás no nos demos cuenta de ello, algo en nosotros quiere completarse. Dios «puso en la mente humana el sentido del tiempo» (Eclesiastés 3:11), de modo que lo anhelamos a él y la vida plena que promete. No obstante, si seguimos sin darnos cuenta de las fuerzas poderosas que funcionan en nosotros —la dinámica de nuestra familia y cómo respondemos a ella— nos cegaremos a su influencia y buscaremos la plenitud que nos falta tomando las decisiones erradas. Por ejemplo, considere los siguientes escenarios:

- La persona exageradamente amable carece de firmeza y la capacidad de confrontar, así que atrae a personas controladoras y agresivas.
- La persona exageradamente colérica no puede permitir sentirse impotente o triste, así que busca personas que expresan simpatía y no confrontarán sus cambios de talante.
- La persona rígida, que solo ve las cosas en blanco y negro, no puede renunciar al control, así que busca personas espontáneas, creativas, que no traten de controlarla.
- La persona exageradamente responsable, plagada de culpa, carece de cuidado propio, así que busca personas absorbidas en sí mismas que no se preocupen por nadie excepto ellas mismas.
- La persona que no puede conectarse o confiar con facilidad pasa por la vida sin amor y apego, así que busca una persona cálida, cariñosa, que de alguna manera es impotente y dependiente.

Por supuesto, el problema es que estas clases de respuestas no reflejan lo que Dios se propuso para nosotros; y tampoco conducen a conexiones saludables o satisfactorias.

Estas piezas faltantes son parte de lo que se llama el proceso de internalización. Llegamos a ser lo que somos al asimilar las experiencias que tenemos con otras personas. Al nivel del desarrollo, los chiquillos vienen a esta vida incompletos. En un proceso de desarrollo saludable, reciben seguridad y aceptación, y desarrollan capacidades para afirmarse, tener dominio propio y cuidar de sí mismos, lo que les prepara para vivir solos. Una vez que la internalización está completa, llegamos a ser adultos que funcionamos y somos llamados a buscar la plenitud. O según las palabras de Jesús: «Lo que estoy diciendo es: Crezcan. Ustedes son súbditos del reino. Ahora, vivan como tales. Pongan en práctica la identidad que Dios creó en ustedes» (Mateo 5:48, traducción literal de *The Message*). Lo que Jesús quería decir es que él quiere que nosotros seamos maduros y plenos; sin embargo, no estamos completos. Nos faltan piezas y hay agujeros en el alma que arrastramos de la niñez a la vida adulta. El sendero a la plenitud o la integridad se halla en un contexto relacional: una iglesia, un grupo pequeño, un mentor saludable o un terapeuta, los cuales pueden ayudarnos a completar el trabajo emocional que nos permite crecer hasta alcanzar las capacidades que nos faltan y llegar a ser lo que se supone que debemos ser.

Esto es en especial importante en las relaciones románticas, donde a menudo hay una falla en nuestra armadura emocional. Sentimos fuertemente que la otra persona nos completará, pero no de la manera en que estoy escribiendo. No se trata de llegar a conectarme, intimar o afirmarme más, o de ser más real. Es una cuestión de estar en la presencia de otra persona que tiene esos atributos *sin tener que asumir la responsabilidad de aprenderlos*. «Tú me completas» es una gran línea en la película *Jerry Maguire*, pero no funciona en las relaciones personales reales. Usted no puede buscar afuera la salud. Tiene que aprender todo en cuanto a ella y conservarla dentro de su piel. De este modo, las personas completas atraen a otras personas completas. Por eso la mayoría de nosotros necesita dedicar menos energía al romance y más al crecimiento personal. Eso nos recompensará más tarde con el romance.

El hecho de conocer cuáles son sus piezas faltantes también recompensa de otras maneras. Tal vez su interés por leer este libro no tenga que ver con el matrimonio o una relación de noviazgo. Puede ser que la relación personal difícil de la que necesita encargarse sea con sus padres, hermanos o una persona de su niñez; o tal vez con alguien de su trabajo. Sea cual sea su interés, hallará gran beneficio al buscar las piezas faltantes a fin de entender por qué las cosas acabaron de esa forma. Mientras más información, mejor para usted.

Siga tratando de conectar los puntos

Algunos individuos luchan para reconocer en sus propias vidas la clase de patrones que he descrito aquí. Hasta donde pueden decir, no hay puntos que conectar. Bien sea no pueden identificar patrones relacionales dañinos, o si lo logran, no piensan que esos patrones los hayan afectado o tengan alguna influencia o poder sobre ellos. Tal vez usted sienta algo similar a eso.

Ciertamente, es posible que haya seleccionado a la persona que escogió amar, con quien casarse, en quien confiar o invertir, y simplemente se engañó. Eso puede suceder. Aunque es triste decirlo, hay personas cuyos interiores son tan oscuros que son expertos en manipular las impresiones que dan a otros. Sin embargo, al mismo tiempo estamos hablando de relaciones personales importantes y significativas. Estas no son personas con las que usted toma café una vez al mes. Son personas con quienes ha pasado una buena cantidad de tiempo; y el carácter, para bien o para mal, siempre aflora a la larga. No se puede disfrazar por completo durante toda una vida de escrutinio, así como tampoco una organización financieramente deshonesta puede resistir una auditoría extensa del Departamento de Recaudación de Impuestos. La realidad siempre aflora con el tiempo.

Si está teniendo dificultades para conectar los puntos, tal vez hallará útil hacerse esta pregunta: «¿Por qué confié tan completamente y de tan buena gana?». A menudo, cuando una persona se permite ser curiosa en lugar de mantenerse a la defensiva en cuanto a esto, logra un avance. Puede conectar los puntos hasta una familia de origen en la cual, por ejemplo, era inapropiado hacer preguntas difíciles, exigir responsabilidades y confrontar las cosas que no tenían sentido. Entonces podrá ver cómo permitió que los tipos errados de personas se aprovecharan de su naturaleza confiada. Dé el paso extra y permítase ser curioso en cuanto a esta pregunta. Luego vea lo que emerge.

El pasado debe convertirse en el pasado

Hay tres períodos de tiempo: pasado, presente y futuro. La vida marcha mejor para nosotros cuando recordamos y aprendemos del pasado, cuando interactuamos por completo en el presente, y cuando esperamos el futuro porque hemos manejado el pasado y el presente de manera saludables. Sin embargo, cuando no sanamos ni aprendemos de nuestros patrones relacionales pasados, nuestro pasado sigue siendo nuestro presente. Nos comportamos y reaccionamos de maneras que tienen más que ver con pelear antiguas batallas e intentar lograr que alguien nos ame, que con dedicarnos a las necesidades legítimas del presente. Nos hallamos detenidos en el tiempo, y nuestro presente está contaminado con antiguas peleas, viejas heridas y danzas relacionales pasadas que nunca se resuelven. Nos mantenemos en un ciclo interminable que nos agota y nos desalienta.

No hay campo en el presente para el pasado. Hay que colocarlo donde pertenece, en el recuerdo y en el lugar de las lecciones aprendidas. Cuando usted conecta los puntos entre el pasado y el presente, su futuro relacional es mucho más brillante.

8

Llora y lo deja atrás

Una gran porción de la música que la gente escucha habla del amor: el amor que se logra o el amor que sale mal. Son canciones en cuanto a engaños, maltratos y abandono. Les dan a las personas algo con qué identificar su experiencia, palabras que transmiten lo que sienten en un tiempo de pérdida. La gran mayoría de las canciones sobre un amor que resultó mal se pueden colocar en una de dos categorías: *No me dejes* y *Voy a avanzar.* Las canciones del primer grupo están llenas de dolor y angustia con respecto a cuán profundamente la persona quiere mantener al que se está distanciando de la relación personal, y cómo esa persona promete hacer lo que sea necesario para volver a reconectarse: *Estaré allí para ti, voy a cambiar,* etc. Las canciones que hablan de avance son menos emotivas y tienen más los pies sobre la tierra: *Me hiciste daño, se acabó, y me alegro de haber salido de eso. Voy a avanzar.*

Ambos tipos de canciones acerca de un amor que salió mal proveen una parte necesaria del cuadro. Cuando algo no sale bien en una relación personal, usted se siente mal y quiere que el problema se acabe. Ahí es cuando entra en juego la parte de «no me dejes». Esta es una manera de persuadir a la persona para reconciliarse o volver. También a menudo tiene el efecto de posponer lo inevitable.

Sin embargo, en última instancia, si la relación en verdad se ha acabado, usted debe seguir adelante. A veces sigue adelante a una vida sin romance o sin esa amistad o conexión familiar en particular. A veces avanza hacia otra nueva relación. En algunos casos afortunados, se puede pasar a establecer una relación restaurada y transformada con la persona si la misma está dispuesta a cambiar. De una manera u otra, avanzar es lo que se precisa hacer. No obstante, a fin de que en verdad se libere del pasado de manera que le beneficie de la mejor forma, debe hacerlo del modo correcto.

En sí mismas, ni la posición de protesta ni la de avanzar constituyen completamente la forma correcta; hay una pieza faltante. La pieza que completa el cuadro —y por lo general la más difícil— es lo que sucede entre la protesta y el avance, que es el lamento. Lamentarse es lo que le permite liberarse por completo. Lo hace libre, aclara su mente y lo ayuda a sanar las heridas. Usted debe llorar lo que fue. Debe llorarlo bien y por completo antes de estar listo para avanzar más allá de los límites hacia una nueva intimidad.

Llorarlo: Lo que es y lo que hace por usted

Dicho en pocas palabras, llorarlo significa *soltar lo que no se puede conservar*. Llorar por algo requiere aceptación, tanto mental como emocional, de que lo que usted amaba y valoraba ya no existe. Hay muchos aspectos de la vida en los cuales podemos sufrir pérdida y por los cuales necesitamos llorar y afligirnos:

- La disolución de un matrimonio.
- El fin de una relación de noviazgo.
- Los lazos familiares que se rompen.
- Las amistades que se acaban.
- La muerte de un ser querido.
- Ciertas oportunidades profesionales que no se materializan.
- Una recaída en la adicción después de años de sobriedad.
- La pérdida de la salud física.

- Los reveses financieros.
- Un trauma que estropea para siempre lo que de otra manera hubiera sido una niñez feliz.

Estas son experiencias importantes y que cambian la vida. Sin embargo, el hecho de que usted sufra pérdidas no quiere decir que no pueda tener una vida grande y significativa. Las personas sufren grandes pérdidas, como las mencionadas arriba, y con todo tienen vidas plenas y ricas. El proceso de llorar las pérdidas es lo que le ayuda a lidiar con ellas y avanzar. Y este proceso resulta en especial importante cuando se trata de pérdidas relacionales.

Llorar por algo le ayuda a redirigir sus energías y enfocarse en lo que puede tener y es bueno en su vida. Provee una manera de eliminar los remordimientos y heridas como una forma de hacer espacio para lo nuevo. Y el lloro convierte una herida en un recuerdo. Es decir, cuando usted aprende el proceso de liberarse, el dolor que siente en el presente se desliza por sus conductos neurológicos hasta sus bancos de memoria, donde reside el pasado. Y en los bancos de memoria usted puede repasar y entender el pasado, así como aprender de él.

Si no llora la herida, nunca se volverá un recuerdo. Usted se quedará atascado volviendo a experimentar la herida y las dificultades una y otra vez. De manera muy parecida a quien sufre desorden de estrés postraumático, los que no lloran atraviesan un ciclo de pensamientos y sentimientos repetidos, casi como memorias recurrentes, que no ofrecen alivio. El hecho de llorar algo termina este ciclo y recalibra su mente.

Seis componentes para llorar una relación personal perdida

Cuando se trata de una pérdida de una relación personal significativa, hay seis componentes esenciales necesarios para que el hecho de llorarla haga su obra.

1. Reconozca el apego.

Nos apegamos a las personas. En eso consiste la atracción. Y sin un apego emocional, no hay nada que llorar. Puede parecer algo obvio, pero resulta importante decirlo. *Mientras mayor sea la aflicción que siente, mayor es el amor que tiene por la persona que perdió.* Y usted no puede deshacer instantáneamente el apego. En el contexto de una relación personal, no puede simplemente dejar de sentir lo que siente por alguien solo porque la relación se acabe o cambie. Como ya hemos mencionado, el dolor que siente es algo bueno; constituye una señal de que está vivo por dentro.

2. Acepte que no puede controlar la pérdida.

Llorarlo requiere que abandone el control de la decisión de la otra persona y admita que no tiene el poder de hacer que lo ame o se acerque a usted. Así está aceptando un tipo de impotencia: la impotencia «enfocada», no la impotencia global de la posición de víctima. Resulta enfocada porque usted puede escoger liberarse, escoger dejar que sus sentimientos salgan a la luz, escoger permitir que otros formen parte de su vida, y escoger incluso decirle a la persona que no quiere que la relación termine. Sin embargo, al final debe aceptar que la otra persona está en el asiento del conductor de su propia vida y sendero, avanzando hacia usted o alejándose. En ese aspecto específico de la vida está impotente, ya que no tiene permiso ni poder para cambiar las decisiones de la otra persona.

Esto es algo difícil para la mayoría de nosotros. Nadie quiere sentirse impotente, pues nos deja vulnerables e incapaces de hacer que las cosas sucedan como nosotros quisiéramos. Hace poco hablé con una mujer en nuestro programa de radio que describió cómo su antiguo esposo la había llamado todos los días por los pasados cuatro años... *después que el matrimonio se había acabado.* Él no podía aceptar que la relación hubiera terminado. Algunos piensan que si pueden conversar una vez más con la otra persona y decir las cosas precisas en el momento adecuado, pueden deshacer la separación. Otros piensan que si se vuelven más encantadores y atractivos, la estrategia resultará. Los casos extremos se dedican a mostrar actitudes de acecho. Sin embargo, todas estas conductas están impulsadas por la falta de aceptación de la realidad de que uno no puede controlar la pérdida de una relación personal.

Nos resistimos a la impotencia cuando no queremos perder el amor. No obstante, mientras más pronto se permita experimentar la impotencia enfocada —admitir que no tiene control sobre las decisiones de la otra persona— mejor le irá.

Jesús se permitió experimentar la impotencia enfocada al restringir su propio poder para hacer que lo amemos: «¡Jerusalén, Jerusalén, que matas a los profetas y apedreas a los que se te envían! ¡Cuántas veces quise reunir a tus hijos, como reúne la gallina a sus pollitos debajo de sus alas, pero no quisiste!» (Mateo 23:37). Este es un modelo para nosotros: Si el Todopoderoso pudo restringir su poder para dejar que las personas se fueran, nosotros que somos finitos en poder podemos hacer lo mismo.

3. Mencione lo que usted valoraba.

Cuando valora a una persona, afirma que es importante para usted. Cuando la conexión se acaba, hay ciertos aspectos de la persona y la relación personal que se echan de menos. Estos son los valores que usted tiene que llorar. He aquí algunos ejemplos:

- *Calor:* Él era accesible y se acercó a usted.
- *Vulnerabilidad:* Ella permitía que afloraran su debilidad e inseguridades.
- *Estructura:* Ella podía enfocarse y conseguir que las cosas se hicieran.

- *Intelecto:* Era inteligente y resultaba interesante hablar con él.
- *Honradez:* Él podía oír y decir la verdad.
- *Valores espirituales:* Ella amaba al Señor y lo ayudó a acercarse a Dios.
- *Aceptación:* Ella podía interesarse en usted a pesar de sus defectos e imperfecciones.
- *Valores personales:* Él tenía valores similares en cuanto al amor, la familia y las relaciones personales.
- *Cultura:* Sus trasfondos se combinaron bien.

A veces el valor que usted necesita llorar se conecta con recuerdos específicos también. Es posible que se trate de un viaje que hicieron o una broma privada que comparten. Puede ser un tiempo de profunda intimidad en el cual se sintieron muy cerca. Tal vez fueron los buenos momentos con la familia.

¿Por qué es importante mencionar las cosas específicas que valoraba? Porque usted debe despedirse de la persona entera, no simplemente de las partes negativas de ella. No puede alejarse de las cosas que no le gustaban, que puede ser las que acabaron con la relación personal, sin despedirse también de las cosas que amaba. Llorarlo a medias nunca constituye un llanto sanador.

He aquí otra manera de pensar al respecto. Lo más probable es que haya vivido una situación en la cual una amiga se sintió triste por una pérdida relacional y usted quiso ayudarla. Así que hizo lo más instintivo y protector... ¡que es despotricar contra el otro! Usted tal vez dijera cosas como: «Nunca supe qué viste en él». «Te va mejor sola». «Él no te merece». Tales enunciados tenían buena intención y probablemente animaron a su amiga por un tiempo, pero también la distanciaron de aquello de lo que necesitaba despedirse, que es lo que ella valoraba.

Todavía más, esto la hace retroceder, ya que las «buenas partes» no lloradas se quedan en su mente y corazón y la acosan. Por eso algunos no pueden superar una relación personal pasada o buscan a otros que no son muy buenos para ellos, pero que les recuerdan lo que echan de menos. Es mejor ayudar a su amiga diciendo cosas como: «Sé que él era controlador, pero echo de menos los buenos tiempos». De esa manera, ella puede empezar a dejar ir a la persona entera.

Y usted necesita eso también. Cuando sus amigos despotrican contra su ex, en lugar de sentirse como una víctima santurrona, dígales: «Sé que ella era todo eso, pero he estado echando de menos las cosas buenas, y necesito que me hablen de eso también». Esto puede resultar un poco humillante. ¿Cómo puede ser tan débil que todavía siente algo por quien lo maltrató? Siga adelante y ábrase paso a través de la humillación. Esto solo significa que usted siente apego por alguien que tiene tanto puntos fuertes como puntos débiles. Y está valorando lo bueno a fin de poder decirle adiós por completo.

4. Rodéese de personas que la consuelen.

Llorarlo es dejar ir algo que no podemos conservar, pero la naturaleza aborrece el vacío. Es difícil deshacerse de todo por cuenta propia en una relación personal, porque hay un vacío interno que la persona solía llenar. En otras palabras, usted continuará tratando de alcanzar y deseando al otro aunque sabe que la relación ha terminado. Tener a su alrededor personas que tienen la capacidad de consolarlo puede ayudarle a llenar este vacío.

El proceso de consuelo empieza con Dios, «quien nos consuela en todas nuestras tribulaciones para que con el mismo consuelo que de Dios hemos recibido, también nosotros podamos consolar a todos los que sufren» (2 Corintios 1:4). ¿Cómo sabemos si alguien tiene la capacidad de consolar? Por la medida en que permanece presente con usted cuando está llorándolo. Estar presente quiere decir que no tratan de darle consejos, ni entusiasmarlo, ni cambian el tema. Eso es lo que hacen aquellos que están llenos de angustia en cuanto a sus propias pérdidas. No obstante, los que están familiarizados con la pérdida saben cómo simplemente estar con usted. Le brindan contacto ocular, a veces se quedan callados, y en ocasiones tan solo muestran empatía. Permitir que otros lo consuelen no solamente suaviza su pena, sino que también reduce en gran medida el poder del vacío.

Usted tal vez tenga poca experiencia en eso de llorar algo y dejarlo ir. He descubierto que muchas personas de negocios, por ejemplo, simplemente salen de una situación o relación personal mala sin sentir la tristeza. Sin embargo, resulta importante ser intencional en cuanto a llorar la pérdida y no saltar esta etapa. De otra manera, corre el riesgo de nunca poder dejar ir por completo a la persona o la oportunidad perdida en su pasado.

5. Permita la tristeza.

Los sentimientos de tristeza abarcan tanto anhelar como lamentar. Cuando usted está triste, su corazón se siente alicaído y las lágrimas pueden brotar. Aunque tal vez tenga que esperar para que estas emociones surjan —no puede fabricarlas a voluntad— hay algunas cosas que puede hacer y que le ayudarán a dar lugar a su tristeza.

- Intencionalmente, separe un tiempo para alejarse de sus rutinas y actividades atareadas y acomodarse en un lugar tranquilo.
  - Piense en la persona que perdió.
  - Traiga a colación los aspectos negativos de la relación personal, pero no se permita mantenerse enojado o desviarse de su propósito debido a una discusión interna sobre lo que salió mal.
  - Recuerde los buenos aspectos de la relación personal y los tiempos cálidos.

- Reúnase con un amigo o asesor y cuéntele las cosas que recuerda y sus experiencias con la otra persona.

- Pídale a un amigo que represente a la persona difícil en una conversación simulada, en la cual usted expone lo que necesita decir: «Te quiero, y aunque ha sido difícil, siempre te querré. Adiós». Si va a hablarle a la persona, esto lo ayudará a sentir los sentimientos y temores de antemano. Si no tiene la oportunidad de hablar con la persona, aun así esta dramatización puede ayudarle a enfrentar lo que siente y resolverlo.

Alguna combinación de actividades como estas puede ayudarle a salir de la modalidad de *hacer* y pasar a la modalidad de *sentir*. Entonces podrá experimentar con mayor facilidad las emociones tristes que deben venir. Al recibir de buen grado su tristeza, permite que sus sentimientos simplemente se correspondan y formen alianza con sus pensamientos en cuanto a la realidad de la pérdida[4].

6. *Concédase a sí mismo el don del tiempo.*

El tiempo es como un horno. Toma todos los ingredientes crudos de llorar la pérdida que hemos mencionado hasta aquí y los cocina para formar algo nuevo; los transforma, produciendo una nueva manera de sentir su pérdida. Usted no puede procesar en microondas el lloro. No obstante, puede acelerar el proceso dedicando tiempo y energía para atravesarlo. De modo alterno, también puede prolongar su llanto, a veces para siempre. Sin embargo, usted no va a querer eso para sí mismo, sino que desea acabar con su pena a fin de poder avanzar.

Una vez trabajé con una pareja cuyo hijo adulto, Brian, era un drogadicto. Él había rechazado la ayuda de sus padres y la relación que querían tener con él. Estaba decidido a marchar por su camino y no veía razón alguna para que ellos intervinieran en su vida.

El padre de Brian se lamentó por la pérdida de su hijo durante un período de varios meses y a la larga empezó a invertir sus energías en otras empresas y relaciones familiares. La madre de Brian, sin embargo, detestaba la idea de la tristeza. Le resultaba incómoda, y no le gustaba el sentimiento de haber perdido el control. Así que se permitía sentir un poco de tristeza y luego atravesaba períodos de «hacer de tripas corazón». Entonces me decía: «Ya terminé con este asunto de llorarlo. He aceptado que Brian no nos quiere en su vida. Esa fue su decisión. Él ya es adulto. Es tiempo de avanzar». Y cada vez, a las pocas semanas, ella se volvía alicaída, tenía problemas para concentrarse, y se echaba a llorar por su hijo. Luego se sentía algo triste de nuevo, seguido de otra ronda de «darlo por terminado» una vez más.

Me sentí mal por ella. Provenía de una familia profesional en la cual se veía la tristeza como una debilidad, así que las emociones producían una gran cantidad de vergüenza y autocondenación en esta mujer. Le dije: «Tal vez ya lo des por terminado, pero lo dudo. Esta es la cuarta vez que has luchado con tus sentimientos de tristeza de esta manera». Entonces me volví a su esposo y le dije: «¿Por qué no le dices cómo te sientes en cuanto a sus sentimientos de tristeza por Brian?». Él la miró y le dijo: «Tú eres la única persona en el mundo que entiende lo que hemos atravesado. Cuando te permites sentir nuestra tristeza, eso me acerca más a ti y siento que hay esperanza para nosotros». Una vez que ella oyó eso, empezó a ablandarse. Pudo experimentar su tristeza y lentamente hizo progresos firmes para dejar ir a Brian en lugar de tener falsos arranques y paradas.

En tanto que algunos como la mamá de Brian se resisten en su aflicción, otros pueden quedarse congelados en un estado permanente de aflicción. Entran en un período de tristeza, pero algo se daña y no pueden avanzar. Así que continúan por años viviendo la pérdida y tienen dificultades para ser felices. A veces la ruptura se debe al aislamiento y a no tener suficientes personas seguras con quienes procesar su pérdida. A veces se debe a que idealizan a la persona que perdieron y no pueden imaginarse que alguien pueda reemplazarla, de modo que construyen un santuario mental para ella. Aquellos cuyos cónyuges o padres han muerto a menudo sufren de esto. Apegarse a otro les parece desleal a la memoria de la otra persona, así que sacrifican sus oportunidades de tener una vida buena en el futuro en el altar de una vida que ya no pueden tener.

Si usted piensa que puede haberse atascado de esta manera, le ayudará hacer una lista de las cualidades positivas y negativas de la persona y reflexionar en ellas. Esto no es deshonrar al individuo. Es simplemente una manera de permitirse decirle adiós a la persona real, a fin de no atascarse y ver sólo las buenas partes.

Estos seis componentes tienen un orden y una estructura. Y funcionan. No obstante, recuerde que la aflicción tiene su propio paso por igual. Una parte puede llevar más o menos tiempo del que esperaba. No intente forzar o controlar su proceso de llorar su pérdida. Concédase margen dentro de los componentes. Con el tiempo, podrá dejar ir la relación personal y avanzar.

Cómo llorar a una persona viva

Dejar ir una relación personal cuando el individuo ha fallecido no es tarea fácil. Sin embargo, puede ser incluso más difícil de alguna manera cuando la persona todavía está viva. Este fue el caso de Brian, cuyos padres tuvieron que llorar la pérdida de su relación con él. Como dice el dicho, donde hay vida, hay esperanza, y si uno sabe que la persona todavía está respirando, es fácil imaginarse escenarios, conversaciones y tácticas que pudieran restaurar la relación. Todos tenemos esperanza en algún lugar muy dentro de nosotros, la expectativa de un bien futuro. Y necesitamos la esperanza, porque nos ayuda a soportar un presente difícil, sabiendo que el futuro será mejor. Sin embargo, cuando esa capacidad de esperanza se asocia con una persona simplemente porque está viva —no por ninguna razón sólida que tenga sentido— es una esperanza vana.

Si esta es su situación, no va a querer desperdiciar más tiempo en esperanzas vanas. Lo único que eso hace es retardar su capacidad de avanzar más allá de los límites hacia relaciones personales grandiosas. Usted tal vez necesite enfocarse en este asunto. Estas son unas pocas ideas que pueden ayudar:

- Dígase a sí mismo que a pesar de todo tiene que lidiar con una muerte: la persona no está muerta, pero la relación sí.
- Ponga por escrito la evidencia que tiene de la pérdida y reflexione al respecto: los documentos de divorcio, el hecho de que la persona tiene otra relación personal, o la certeza de que no hay cambio en la toxicidad de la persona.
- Pídale a un amigo que le diga por qué piensa que la relación personal se ha acabado y escuche su perspectiva en cuanto al asunto.

Abandonar la esperanza vana no quiere decir que los milagros relacionales no ocurran. He visto resucitar muchas conexiones muertas. Así que manténgase abierto a la posibilidad, pero libérese. Usted puede entrar en la etapa de la tristeza y con todo dejar la puerta abierta al mismo tiempo. Suena como si no se pudiera hacer, pero es posible lograrlo de esta manera: colocando su energía y enfoque en los próximos pasos y las siguientes relaciones personales. No obstante, usted no es Dios, y si Dios milagrosamente cambia la situación, puede responder a eso. Avance, pero deje que Dios sea Dios.

Sin embargo, ¿qué hacer si la relación personal no se ha acabado? Por ejemplo, digamos que está casado y su matrimonio resulta difícil, pero usted quiere conservar el compromiso y reparar lo que sea que se haya roto, aunque resulte doloroso. ¿Aun así es necesario llorar la pérdida? Sí, lo es. No es una cuestión de dejar ir y decir adiós a la persona o la relación personal, pues ellas todavía forman parte del cuadro. Sin embargo, usted en efecto tiene una pérdida: *la pérdida del bien que estaba allí.*

Hubo días buenos y tiempos de conexión y felicidad antes de que las cosas empezaran a marchar mal. Puede sonar extraño afligirse por la pérdida de las buenas partes de su relación personal y con todo relacionarse o incluso vivir con la persona, pero la idea todavía es válida: usted ha sufrido una pérdida y tiene que llorarla. No evite hacerlo simplemente porque todavía está en la relación personal. La pérdida sigue siendo real e importante para usted.

Si la relación personal no tuvo una temporada buena, ¿como llora y lamenta usted eso? Por la razón que sea, las cuestiones de carácter, la desconexión, el control, las manipulaciones, las adicciones, o incluso el maltrato pudieran haber sido la norma desde el principio de la relación personal. Obviamente, usted no puede llorar por eso; no hay nada que llorar en la relación. Es decir, excepto por una cosa: *la esperanza.* Es decir, la esperanza de lo que usted quería que sucediera. Usted llora sus sueños y deseos de amor, conexión, éxito, compañerismo, aceptación o respaldo.

Por lo general empezamos una amistad, una relación de familia, una relación de negocios o un noviazgo con algún tipo de esperanza de un buen resultado. ¿Por qué otra razón vamos a tratar de conectarnos, para empezar? Si usted está en una situación en la cual siente que no hay nada bueno que llorar en esa relación, puede llorar sus esperanzas perdidas y lo que no sucedió. Una vez más tengo que decir que he visto relaciones que fueron prematuras y nunca satisfactorias, las cuales con esfuerzo empezaron a prosperar en salud e intimidad. Así que si la estructura de la relación personal todavía existe, lo animo a que continúe trabajando por un mejor futuro, mientras que al mismo tiempo se despide de sus sueños del pasado.

No tiene nada que temer de la aflicción

Permítame darle un poco de perspectiva aquí, en especial si concentrarse en la aflicción y comprender su naturaleza es algo nuevo para usted. El hecho de llorar no tiene que controlar o consumir su vida. Dependiendo de la situación, puede llevar días o puede llevar años. Cuánto tiempo dure esta etapa dependerá de cuán importante fue la relación para usted, a quiénes escoge para que lo ayuden en el camino, y cuán enfocado está en el proceso. Sin embargo, no le tema a llorar su pérdida. Usted puede tener una vida buena y con todo dejar ir lo que ya no es suyo. Escuche al sabio rey Salomón: «Vale más llorar que reír; pues entristece el rostro, pero le hace bien al corazón» (Eclesiastés 7:3).

El llorar es como el tiempo; siempre cambia y a menudo resulta impredecible. Es más orgánico que sistemático. Así que mientras esté en la etapa de dejar ir la relación personal o una parte de ella, permítase participar en la misma y abrazarla. Su aflicción se reducirá y usted podrá recuperar el gozo y los sentimientos positivos. Luego, con toda probabilidad volverá otra oleada de aflicción, pero el proceso funciona de tal manera que cada vez que usted se dedique a llorarlo, el fondo —la parte más baja de la tristeza— debe ser un poco menos severo y un poco menos negro. Y con el tiempo volverá a ser usted mismo, en realidad más que eso, porque habrá integrado y metabolizado la pérdida de la relación personal y aprendido del proceso.

9

Cultiva amistades crecientes

Hay un potencial disponible y desaprovechado en la mayoría de las amistades. Existe el potencial de aprender algo de las diferentes experiencias de la vida del otro; el potencial de abrirse y ser real con alguien de una manera nueva; el potencial de verse a sí mismo de una forma fresca por medio de la perspectiva que otro tiene de usted. Cultivar el potencial no aprovechado en sus amistades es bueno por sí mismo para su vida, pero tiene el beneficio añadido de también ayudarlo a prepararse para los riesgos y vulnerabilidades que quiere correr en una relación personal futura. Cultivar una nueva manera de considerar y maximizar sus amistades resulta un paso esencial a fin de prepararse para avanzar más allá de los límites.

Las amistades correctas pueden suplir la necesidad

Volvamos a su relación personal difícil. El hecho de que esta persona ocupaba tanto espacio en su mente y corazón quiere decir que era significativa para usted, le importaba. De hecho, probablemente suplía alguna necesidad importante que usted tenía, o por lo menos algo que deseaba que sucediera. Puede haberse tratado de amor incondicional, comprensión, respeto o confiabilidad, por ejemplo.

No hay nada de malo en tener estas necesidades. Dios lo diseñó de esa manera. Tal como usted y yo necesitamos las vitaminas y los minerales de nuestros alimentos, precisamos el respaldo y la atención de otros. Esto es cierto sin importar que el contexto sea el romance, la familia, las amistades o el trabajo. Es la forma en que sobrevivimos, crecemos y triunfamos en la vida. Las personas —relaciones— son el sistema de entrega de la provisión de Dios para sus hijos: debemos mantenernos «administrando fielmente la gracia de Dios en sus diversas formas» (1 Pedro 4:10)[5].

Sin embargo, cuando las cosas marchan mal en una relación *y siguen mal,* puede ser que la otra persona esté tratando de enviarle un mensaje. El mensaje será algo como esto: *Estoy descalificándome a mí misma a efectos de suplir tu necesidad.* Es decir, o bien es incapaz o no está dispuesta a darle el amor, la comprensión, el respeto o la confiabilidad que usted requiere. Puede ser debido a su propio quebrantamiento, su falta de inversión en usted, alguna manera en que lo ve bajo una luz negativa, o su propio egoísmo. Sea cual sea la razón, la persona le niega el elemento necesario. Esto presenta un problema. Su necesidad no desaparece cuando desaparece la relación. No se desvanece; todavía existe. Usted aún necesita que se supla esa necesidad. No obstante, su necesidad no es de *esa persona*; su necesidad es de algo que esa persona posee y no está disponible.

Esta es una importante distinción que hay que hacer. Cuando las personas encuentran una relación personal difícil, por lo general reconocen el valor de llorarla, como presentamos en el capítulo anterior, y trabajan para dejarla ir. El hecho de llorarla tiene sentido para ellos y los ayuda a avanzar. Sin embargo, no siempre se dan cuenta de que tienen otra necesidad —más allá de su necesidad de la relación personal— y deben buscar en otra parte para suplirla.

Ahí es donde entra la amistad a formar parte de la ecuación. Es un asunto de reemplazo. Usted no puede reemplazar a su persona difícil con una réplica exacta de esa persona, pero a fin de estar listo de nuevo para correr riesgos, *debe reemplazar la necesidad que esa persona suplía en su vida.*

Las personas no son imprescindibles. Esto puede sonar duro, así que permítame explicarlo. Todos somos únicos y preciosos para Dios, pero no somos indispensables. Si mi esposa y yo muriéramos antes que nuestros hijos anden por cuenta propia, ellos estarían en una posición de necesidad. Todavía necesitarían algún tipo de crianza, puesto que no están listos para enfrentar las demandas de la vida. Requerirían ayuda para terminar los estudios, prepararse para establecer relaciones personales de adultos, aprender cómo buscar y conservar un empleo, manejar las finanzas, madurar espiritualmente, y cosas por el estilo. Esas necesidades seguirán allí, residiendo dentro de los chicos.

Por eso nosotros buscamos padrinos para nuestros hijos. Si algo nos sucede, estas personas, junto con otros individuos que respaldan, ayudarían con ese trabajo que quedaría por terminar. Nadie podría «ser» el papá y la mamá originales, pero otros podrían proveer los elementos que los chicos necesitan. Eso es lo que quiero decir cuando digo que las personas no son indispensables; es posible que otros asuman sus papeles y tareas.

¿Qué necesitaba usted en la relación personal que se rompió? Probablemente hay unas cuantas cosas que vienen a su mente. Uno de sus próximos pasos más importantes es desarrollar el potencial no aprovechado en sus amistades, permitiendo que personas buenas que lo quieren lo ayuden a suplir esas necesidades. Si lo que necesitaba en su relación rota fue empatía, asegúrese de que sus amigos puedan mostrar empatía, sentir sus sentimientos junto a usted. Si lo que necesitaba era seguridad, escoja amigos que no manifiesten ni un ápice de condenación o juicio. Si fue sabiduría, necesita amigos que sean diestros para vivir y tomar buenas decisiones. Piense más allá de su necesidad de la persona que perdió y concéntrese en los papeles que él o ella jugó en su vida y las necesidades específicas que suplía.

Es por esto que resulta tan importante prepararse para buscar una nueva relación personal o volver a reanudar la antigua. *Usted debe pasar de la necesidad al deseo*. Debe llenar su tanque emocional; es decir, no puede estar en una posición de privación y vacío cuando corre un riesgo relacional. Eso le dispone a más problemas y lo coloca en desventaja. Si usted todavía se encuentra en un estado de necesidad, esa necesidad puede impulsarlo a relaciones personales inseguras, a permitir que algún otro lo controle y usted se vuelva dependiente de una manera que puede hacerle daño. No obstante, si permite que otros entren en su vida y está «arraigado y cimentado en amor» (Efesios 3:17), se encontrará operando desde un cimiento sólido y sus necesidades habrán sido suplidas. Será mucho menos vulnerable a que lo lastimen o a experimentar un revés.

Tony, un hombre de negocios al que aconsejé, tenía una empresa en sociedad con otro amigo. Sentía mucho respeto por su socio, que era mayor y poseía más experiencia en el campo. Con el paso del tiempo, sin embargo, el socio empezó a tomar más control del negocio del que era correcto o justo. Hizo negocios por cuenta propia que lo beneficiaban solo a él, alegando razones cuestionables a fin de justificar un salario mayor que el de su socio.

No pasó mucho tiempo antes de que Tony y su socio empezaran a tener conflictos por estas cosas. El empresario mayor creía firmemente que tenía derecho; es decir, pensaba que merecía más de lo que en realidad ameritaba. El conflicto no se resolvió, así que la sociedad se terminó y se separaron. Esto fue un tiempo terrible para Tony. Él genuinamente quería a su antiguo socio y no solo lo echaba de menos como persona, sino también extrañaba la dirección y la sabiduría que había recibido de él.

Al empezar a explorar el horizonte para su próximo paso profesional, pude ver que él tendía a darles demasiado poder y autoridad a hombres de mayor edad y más madurez. El hecho de que su propio padre no había intervenido en su infancia no fue sorpresa, pero me preocupó que él tuviera una vulnerabilidad que necesitaba atender. Temía que acabaría asociándose otra vez con la persona errada y repetiría la pesadilla.

Le recomendé que tratara de trabajar por cuenta propia por un tiempo y entablara amistad con unos pocos hombres de negocios exitosos simplemente como amigos. Encontró a algunos y llegaron a ser más que amigos. Se volvieron confidentes. Eran personas dignas de confianza que también tenían una buena dosis de experiencia en los negocios. Este fue un período de crecimiento personal y profesional acelerado para este hombre. Llegó a cobrar más confianza en sus propias capacidades y con el tiempo halló a otro socio de negocios. Esta vez escogió a alguien que era más su igual, en lugar de a una figura paterna o un mentor. No estaba desesperado por las necesidades que el antiguo socio había suplido.

Haga el trabajo detectivesco con respecto a usted mismo. Identifique sus necesidades y reemplace a la persona. Dios es un Dios de reemplazos, no de vacío y privación: «Yo les compensaré a ustedes por los años en que todo lo devoró ese gran ejército de langostas» (Joel 2:25). Él sabe que a fin de que lleguemos a ser las personas que quiere que seamos, debemos hallar las vitaminas y los minerales emocionales que se nos han negado.

Distinga entre necesidades de mantenimiento y necesidades de sanidad

Sin embargo, hay un paso de crecimiento más allá del reemplazo. En última instancia, tiene que ver con que usted crezca más fuerte y más completo como persona. El paso de crecimiento es este: *Hay algunas necesidades que, en cierto punto, es preciso suplir y resolver, y debe empezar a asumir usted mismo las tareas.* El paso de crecimiento es este: *Lo que otros han hecho por usted, a menudo ahora podrá hacerlo por sí mismo.* Con esto no hablo de reemplazar o dejar las relaciones personales. Espero que usted conserve las buenas por muchos años. Me refiero a su propio crecimiento y madurez. Esto es lo que quiero dar a entender.

107

Las relaciones personales fueron diseñadas para proveerle de cosas que necesita a fin de crecer y prosperar: gracia, aceptación, estructura, consejo y estímulo. No obstante, usted vive en dos zonas de tiempo, por así decirlo. Vive en el presente, en el cual sus amigos más íntimos le proveen de estos elementos de crecimiento, y vive en el pasado, donde hay heridas y cuestiones sin sanar. Estas viejas heridas pueden haber reducido su capacidad para confiar o decir que no, por ejemplo. A fin de sanar de las heridas pasadas, usted necesita los elementos que las relaciones personales proveen no para un crecimiento a nivel de mantenimiento —el respaldo diario que todos necesitamos— sino de sanidad. Por ejemplo, incluso la planta más saludable y robusta necesita agua, sol y tierra de manera regular a fin de sobrevivir y crecer. No obstante, una planta enferma necesita más cuidado, más atención, e incluso nutrientes especiales de modo que pueda sanar de lo que la aqueja.

Eso es lo que le sucedió al joven empresario cuya experiencia relaté antes. Él continuó interiorizando y recibiendo el respaldo, la sabiduría y la asesoría de otros hombres. Con el tiempo, no solo resolvió la necesidad que tenía de la experiencia de su socio anterior, sino que creció profesionalmente él mismo y poco a poco llegó a ser un igual con sus amigos. Su proceso de madurez y su trabajo arduo aumentaron sus puntos fuertes y sanaron sus heridas. El resultado fue que sus conexiones relacionales han continuado, pero mucho menos a un nivel de ayuda que a un nivel de dar y recibir. Él les provee respaldo y perspectiva a las mismas personas que durante su tiempo difícil lo ayudaron.

¿Qué significa esto para usted? Significa que necesita distinguir entre sus necesidades relacionales de mantenimiento y sus necesidades relacionales de sanidad. Entonces podrá determinar las necesidades que sus amigos están supliendo y si necesita buscar algunas relaciones nuevas que le ayuden con las necesidades que no están siendo suplidas.

Por ejemplo, todos necesitamos conexión; esta es una necesidad relacional básica de mantenimiento. Usted necesita algunas conversaciones de respaldo y que lo acepten, varias veces a la semana y de las personas apropiadas, no hay fecha de expiración para eso. Es algo para siempre. Sin embargo, cuando existe una relación personal rota, esta es una necesidad de reparación. Quiere decir que muy dentro de usted hay aislamiento y soledad. Si le falta la capacidad de abrirse y permitir que otro entre en su vida, sintiéndose bien al hacerlo, sus sentimientos de aislamiento no desaparecerán aunque esté rodeado de personas que lo quieran. Para algunos esto significa que siempre se sentirán necesitados y dependientes, sin que importe cuánto respaldo reciban. Es como tratar de inflar una llanta que tiene un agujero pequeño. Sin que importe cuánto respaldo se les bombee a tales personas, nunca sienten que sus necesidades están siendo suplidas. Otros tal vez se sienten desapegados y desconectados antes que necesitados. Quieren conectarse, pero tienen dificultades para permitir que las personas entren en su vida.

Las heridas relacionales como estas requieren un cuidado especial, que por lo general va más allá de lo que las relaciones normales de respaldo proveen. Un grupo pequeño puede llegar más profundo y dedicarse a reparar problemas de conexión, o un buen terapeuta, por ejemplo. Entonces, cuando se saca a la luz la herida relacional y se procesa, la persona puede apoyarse en las amistades para las necesidades de sanidad durante una temporada antes de avanzar a un nivel de mantenimiento en las relaciones personales. Las necesidades relacionales de mantenimiento y las necesidades de sanidad pueden parecer iguales, pues ambas incluyen la emoción de la soledad o el profundo aislamiento, pero son muy diferentes en su naturaleza y no se las debe tratar de la misma manera.

Hablemos del amor

El romance es un gran don de Dios y puede ser fuente de mucha felicidad y gozo. En su mejor expresión, resulta un rasgo maravilloso de la intimidad entre un hombre y una mujer. Sin embargo, usado de la manera errada puede estorbar su crecimiento hacia la vulnerabilidad y la intimidad. El romance puede enlodar las aguas en su crecimiento y las relaciones personales. Piénselo de esta manera: *En tanto que las mejores relaciones románticas son también amistades, la mayoría de las amistades no pueden ser románticas.* No obstante, algunos luchan con una tendencia a ver al romance como la forma más alta y más especial de las relaciones personales. Tal vez aprecien a sus amigos, pero la vida en realidad cobra sentido cuando se enamoran.

Sin dudas el amor romántico tiene en efecto una energía que no se iguala a ninguna: la pasión, los sueños, la sexualidad y los deseos de intimidad profunda se manifiestan todos de una manera altamente emocional. El problema surge cuando se ve el romance como la experiencia relacional máxima, superior a los otros tipos. Las películas de Hollywood proclaman alegremente esta idea. Una persona tiene buenas amistades, una carrera exitosa y pasatiempos divertidos, pero hay un vacío que solo el amor romántico llenará. A veces parece como si toda la vida del personaje estuviera en suspenso hasta que aparece la persona apropiada, y entonces su existencia cobra significado. Cuando este es el caso, quiere decir que *no se les permite a los amigos entrar a los lugares más hondos en donde reside la relación romántica.* Cuando no permitimos que nuestras amistades tengan acceso a los lugares más profundos de nuestro corazón, a menudo experimentamos vacío y anhelo hasta que aparece el romance.

Hablando relacionalmente, esto pone la carreta delante del caballo. La realidad es que una persona con una vida buena y plena, que es feliz sin el romance, en realidad tiene mucha mayor probabilidad de disfrutar de un gran romance si encuentra a ese alguien especial. Y lo inverso es de igual modo verdad. La persona románticamente vulnerable y que pone demasiado énfasis en el romance, con el tiempo tiene mayor probabilidad de luchar cuando se enamora. Sin el cimiento de los buenos amigos y la madurez de carácter, el romance tiende a desintegrarse. He asesorado a demasiadas parejas que no entendían que el romance viene después del crecimiento y las amistades. A fin de reconstruir, ellas tuvieron que hacer una gran cantidad de trabajo de demolición en su relación personal.

¿Hay una pérdida cuando se vive sin romance? Sí. Puede ser especialmente doloroso si usted ha estado enamorado y llora la pérdida de este maravilloso aspecto de la vida. Si añora un romance, hay mucho de bien y nada de malo en buscar activamente a la persona apropiada de quien enamorarse. No obstante, si por cualquier razón que sea el romance ya no forma parte del cuadro, es importante saber que Hollywood está errado. Su vida puede ser plena, significativa, divertida y productiva sin el romance; y conozco a muchos que se sienten así. Son activos en su fe, sus amistades y sus profesiones, y le dirían que no les falta nada.

Tal vez parte del problema es que resulta difícil asimilar en nuestra mente que hay algo ausente —un negativo— y sentirnos bien al respecto. Piénselo: Ella es soltera. Ellos no tienen hijos. Él ha perdido su carrera. La relación que ellos tenían se rompió. Todas estas cosas son negativas, y algunas más significativas que otras. Sin embargo, el punto es este: *La existencia de un negativo es simplemente parte de la experiencia.* Capte el cuadro completo.

Ella es soltera y dedica mucho tiempo a actividades, relaciones y causas que le encantan. Como parejas sin hijos, se han vuelto la tía y el tío favoritos de muchos sobrinos y sobrinas. Él perdió su carrera y durante el proceso de rehacer su vida ganó relaciones personales y valores más profundos que se había estado perdiendo. La relación de ellos se acabó, pero él ha aprendido mucho en cuanto a sí mismo en el proceso. El ideal romántico concede poco espacio para la pérdida, de la misma manera que los relatos infantiles deben tener un final feliz. Sin embargo, en la vida adulta, mucha felicidad puede venir debido a, o a pesar de, las pérdidas.

Si usted piensa que puede tener una vulnerabilidad hacia el romance, es una buena idea constatar cuánta energía emocional y mental invierte en el sexo opuesto. ¿Giran la mayoría de las conversaciones con sus amigos alrededor de su vida amorosa o cómo le va en su matrimonio? ¿O hay un equilibrio entre el romance, la amistad, la familia, la carrera, la vida personal, las actividades y la vida espiritual? Observe su calendario. ¿Se halla usted mismo secuestrado por el amor y dedicando menos tiempo a sus amigos cuando está en una relación de noviazgo? Usted tal vez se sorprenda por lo que sucede si otros pueden entrar en esa parte de la vida donde le permite entrar solo al romance.

Hay dos maneras de recalibrar esto a fin de que esté más equilibrado cuando tiene una vulnerabilidad hacia el romance. La primera es volverse activo y positivo y hacer lo que las personas activas y positivas hacen: llenan sus horarios con personas y actividades significativas que les importan. Así que no deje espacio abierto en el calendario simplemente para el caso de que se enamore y así no echará de menos el romance. Hay una vida allá afuera de la cual disfrutar, en la cual participar, sintiéndose conectado y productivo. Esto le ayudará.

La segunda manera implica algo más profundo, pero igual de importante. Consiste en entrar en el proceso de llorar y dejar ir cualquier cosa que le haya hecho perseguir el romance cuando necesitaba amor. Este es un problema muy común. Una persona soltera, inteligente y exitosa puede hallarse demasiado involucrada en las relaciones románticas. Cuando hace algo de excavación psicológica, a menudo encontrará que tenía una relación significativa que era distante y no estaba disponible. Podría tratarse de un padre, por ejemplo. Así, puesto que ella no podía conectarse de una manera normal a fin de disfrutar de atención, comprensión, interés y empatía, desvió su necesidad a la esfera romántica. Los anhelos normales de amor y respaldo se vuelven anhelos de un amor romántico apasionado. Y esto siempre condice al fracaso.

Si esta es su situación, le vendrá bien permitirse expresar sus sentimientos de tristeza y recibir consuelo por haber tenido que desviarse de esa manera. El llorarlo lo ayudará a avanzar y a aprender cómo apreciar el valor de las relaciones no románticas y saludables. Deje la manera antigua de conectarse, mantenga el romance en su perspectiva apropiada, y le irá mucho mejor.

Conclusión

Observe la cubierta de este libro y se dará cuenta lo que quiero expresar en cuanto a los límites.

Sugerencias

Si se ha percatado de que puede padecer de una vulnerabilidad hacia el romance, reconózcalo ante sus personas seguras y dígales que quiere aprender cómo conectarse con ellas al mismo nivel que previamente había reservado solo para el romance. O si ya está experimentando el noviazgo o es casado, corra algunos riesgos con sus personas seguras y permítales conocer su lado emocional. Hallará que tiene más para ofrecer en su relación romántica y que también obtiene una mayor claridad en cuanto a sí mismo cuando el tanque está lleno.

Las amistades íntimas, así como los grupos pequeños, mentores, directores espirituales, entrenadores y asesores, forman parte del plan de crecimiento para usted. Présteles atención a estas personas. Sea intencional en cuanto a pasar tiempo con ellos. Estos individuos no son una manera de matar el tiempo entre matrimonios o intereses de amor. Constituyen el centro de su vida.

Mientras trabajaba en este libro, enfrenté la tempestad perfecta en medio del proceso de escritura, otro proyecto y algunos viajes inesperados de negocios. Las cosas se complicaron un poco, de modo que acabé escribiendo un sábado por la noche hasta las primeras horas de la madrugada del domingo. El grupo de crecimiento al que pertenecemos mi esposa y yo se reúne los domingos por la mañana. Barbi dijo: «Has dormido muy poco, ¿quieres seguir durmiendo?». Pensé al respecto. En realidad no sentía ninguna obligación de ir, puesto que todos entenderían y me mostrarían su respaldo. Sin embargo, me daba cuenta de que simplemente no quería perderme el estar con ellos, así que fui. Requirió todo un esfuerzo, pero obtuve mucho personalmente del grupo, así que valió la pena. Busque su propio equipo. Participe. Conéctese a la vida que está allá afuera.

10

Confía en sus límites definidores

Es tiempo para un rápido repaso. Usted tiene dos tipos de límites: *límites definidores* que identifican quién es como persona, y *límites protectores* que lo mantienen seguro en situaciones peligrosas. Nunca debe ceder en sus límites definidores. Sin embargo, tarde o temprano, cuando usted establece una relación personal nueva y correcta, o disfruta de una relación personal mejorada en el presente, tendrá que ceder en sus límites protectores.

El cultivo de ambos tipos de límites exige energía, intencionalidad y tiempo. No podría decirle cuántos con el correr de los años me han dicho: «Leí el libro original *Límites*, pero me llevó un tiempo largo, muy largo, hacer cambios». El establecimiento de límites requiere que se identifique el problema relacional, se consiga respaldo y relaciones seguras, se mencione por nombre lo que anda mal y lo que se debe cambiar, se produzcan consecuencias si no hay respuesta, se tenga una conversación o conversaciones con la persona, y se dé seguimiento. Los límites son mucho más que «simplemente decir que no».

El establecimiento de límites protectores puede ser especialmente exigente. Es algo parecido a estar siempre en vilo. Usted tiene que mantenerse de alguna manera vigilante y ser cuidadoso a fin de asegurarse de que está siguiendo el plan, y no favoreciendo al otro o permitiendo que lo manipule. Tarde o temprano, usted quiere dejar de mantenerse en vilo y simplemente relajarse.

Debido a que el establecimiento de límites requiere tanto tiempo y esfuerzo, también demanda trabajo avanzar más allá de los límites. Y cuando usted empieza a dar esos primeros pasos, resulta especialmente importante hacer distinciones claras entre límites definidores y límites protectores. Tendemos a generalizar o globalizar nuestras experiencias. Así que, si soy cuidadoso con un padre, cónyuge, o quienquiera que sea, puede resultar difícil que me abstenga de ser cuidadoso cuando estoy con personas que no son seguras.

Es algo parecido a la respuesta del soldado, ya de vuelta en su patria, que se agacha para cubrirse cuando oye el escape de un carro que golpetea. Sus espeluznantes experiencias en el combate le impulsan a reaccionar al ruido como si hubiera sido un disparo, aunque ya no está en la zona de guerra. De manera similar, puede ser difícil bajar la guardia después de trabajar tan duro para mantenerla alta. Usted todavía está en la modalidad de protección.

El cuadro grande es este: *Mientras más saludables sean sus límites definidores, menos necesita sus límites protectores.* Mientras más claro tenga quién es y lo que es importante para usted, menos necesita protegerse a sí mismo. Eso no quiere decir que nunca tenga que cuidar su corazón, pues es parte de la vida. No obstante, tendrá más confianza en sus decisiones y sus relaciones personales. Podrá ser vulnerable con las personas correctas y atraerá igualmente menos personas controladoras.

Es tiempo de extenderse y desarrollar sus límites definidores

Al prepararse para avanzar a una existencia más abierta y vulnerable, necesita prestarle más atención a sus límites definidores y vivir sin límites protectores. Veamos algunas maneras prácticas en que puede extenderse y desarrollar sus límites definidores.

Muéstrese de acuerdo sin temor a ser dócil o dejarse controlar

A menudo los que han establecido límites lo han hecho porque se sienten como si fueran los más pisoteados del mundo. Dicen lo que otros quieren que digan, se avienen a lo que los demás desean, y se sienten agotados e impotentes. Cuando empiezan a decir que no, y resulta bien, finalmente tienen más dominio propio, libertad y un sentido de fortaleza para tomar sus propias decisiones.

Sin embargo, a veces ellos desarrollan un «no» espasmódico como respuesta. Se preocupan de que tal vez no sean lo suficiente fuertes para aferrarse a sus sentimientos e identidad, así que dicen que «no» a todo y a todos *simplemente para preservar su autonomía*. Esto es a lo que los psicólogos le llaman oposicionalismo. Habiendo vivido por tanto tiempo bajo el control de otros, se preocupan de que si se muestran de acuerdo, si dicen que sí o concuerdan con alguien, perderán su propia identidad, lo cual destruirá todo el trabajo que han hecho y hará que rueden cuesta abajo para volver a ser pisoteados. Tal cosa es inaceptable para ellos, y debería serlo.

Trabajé con una pareja en la que el esposo era controlador y la esposa estaba perdiéndose a sí misma en el matrimonio. Ellos hicieron un buen trabajo. Él empezó a ceder el control, ella empezó a expresarse, e intimaron más. No obstante, después de un tiempo, noté que ella discrepaba con todo lo que él decía sobre cualquier cosa: la relación, los hijos, la política e incluso el tiempo. La esposa siempre tenía un punto de vista opuesto. Así que le dije: «Ya no tienes que hacer eso». Para su propio crédito, entendió y estuvo de acuerdo. Estaba aprendiendo a confiar en su esposo y a confiar en sí misma, así que simplemente necesitaba un recordatorio.

He aquí el punto: Los que se sienten seguros pueden concordar con otra persona y continuar separados e iguales. Aprenda a confiar en la realidad de que usted puede dejar que su sí sea sí y su no sea no, y que no tiene nada que perder. Si descubre que está volviendo a permitir que la pisoteen, puede ser tiempo de concentrarse en su temor: *¿Me dejo intimidar por otra persona? ¿Estoy tratando de evadir su reacción negativa? ¿Cómo puedo aferrarme a mí mismo e interesarme por ellos sin ceder a los temores de que no respondan bien?* Dese cuenta de que la mayoría de nuestros temores no son catástrofes, y en aquellos casos en que tiene razón para tener miedo, busque el respaldo relacional. Eso aclara bastante rápido la mayoría de los problemas.

Haga de la veracidad la norma

Usted en efecto tiene opiniones, sentimientos, valores y pensamientos que son suyos, ¿verdad? En realidad, si está leyendo este libro, eso es prueba de que los tiene, porque algo en usted decidió que quería aprender más sobre el tema. Una de las cosas más útiles que puede hacer para fortalecer sus límites definidores es hacer de la veracidad una parte normal y esperada de su vida. Es decir, no basta simplemente con amar e interesarse por otros. Usted también debe ser una persona que aporta verdad y realidad en sus relaciones personales. La veracidad no debe ser la excepción, sino debe ser la norma.

Me dirigía a una reunión de negocios con algunos amigos el otro día y la mujer que conducía no estaba segura de cómo llegar al lugar al que debíamos ir. El otro hombre que viajaba en el automóvil y yo estábamos conversando y no prestábamos atención a por dónde ella conducía. Finalmente, nos interrumpió y dijo: «Necesito ayuda con las direcciones». Ella no estaba ni fastidiada ni perturbada en lo absoluto. Tampoco esperó a un lapso en la conversación antes de decir algo. Simplemente expresó la verdad en cuanto al hecho de que necesitaba ayuda con las direcciones. Esto es vivir con la verdad como norma.

Sus opiniones y sentimientos son partes de quién es; constituyen su verdad. Algunos son la «verdad real»; es decir, representan una realidad verificable y objetiva. Otros son sus propias experiencias y percepciones. Tal vez no sean la «verdad real», pero son su propia verdad subjetiva. La verdad subjetiva debe en última instancia doblar la rodilla ante la verdad real, pero eso no quiere decir que la misma carezca de importancia. Por ejemplo, una vez serví en un comité organizacional como un hombre llamado Jasón. Jasón tendía a evitar el contacto ocular. Hizo buenas contribuciones al comité, pero tendía a desviar la vista cuando hablaba. Me sentía un poco incómodo con él y pensé que a lo mejor no era una persona digna de confianza.

Así que le dije a uno de los otros miembros que lo conocía bien: «Yo soy una persona de contacto ocular, y Jasón parece evadirlo. ¿Es él una persona recta?».

«No tienes ni idea de cuán recto es él», me contestó el otro miembro. «Puedes confiar en lo que dice. No te preocupes del contacto ocular».

Con el tiempo descubrí que eso era cierto en cuanto a Jasón. En ese caso, la verdad real difería de mi verdad subjetiva y la refutó. No obstante, el punto es que usted puede traer a su vida y sus relaciones personales ambas clases de verdad.

Hacer de la verdad la norma significa que usted hace de decir la verdad y de expresar sus opiniones una parte rutinaria de sus relaciones personales. Una de las cosas más tristes en el mundo relacional es ver que alguien asiente con su cabeza en aprobación y se muestra interesado en lo que no es interesante, y concuerda con lo que no está de acuerdo. Irónicamente, esto hace de las personas demasiado dóciles —que desean mucho ser conocidas y que se confíe en ellas— individuos difíciles de conocer y en quienes confiar. ¿Cómo confía uno en alguien que parece no concebir una opinión propia? ¿Cómo sabe uno cuál es su motivo para expresar acuerdo?

¿Está protegiéndose a sí mismo? ¿Está tratando de ganarle por su lado bueno? ¿Está diciendo lo que suena bien porque no está seguro de lo que piensa?

Por eso los que han tenido dificultades para aclarar sus propios límites a menudo también se sienten muy solos. Su docilidad exagerada impide que otros perciban quiénes son en realidad, lo que significa que hay escaso contacto real y profundo. Cuando alguien tiene ese hábito, por lo general es una señal de que tiene miedo de su propia definición e identidad, o de que si emerge la persona que en realidad es, lo que recibirá será críticas o reproches.

Debe empezar a confiar en que hay un «usted» real que tiene algunas ventajas y es digno de ser querido. A Dios le encanta la honradez y «se complace en los que actúan con lealtad» (Proverbios 12:22). Y a las personas saludables también les encanta la honradez. Hacer de la veracidad la norma en sus relaciones personales significa simplemente insertar sus propias realidades en la conversación, la reunión o el suceso. No quiere decir que esté absorbido en sí mismo, o siendo rígidamente intolerante o controlador.

Tengo un amigo que no se define bien a sí mismo. Verifica el clima relacional —las opiniones de otros— antes de aventurarse a dar su propia opinión. Una noche estábamos planeando salir a cenar y le pregunté qué clase de comida quería.

—Pues bien, ¿que es lo que te gusta a ti? —preguntó.

De forma habitual no tengo problemas con este tipo de pregunta, pero esta no era la primera vez que él desviaba la conversación de esa manera, así que decidí presionar los límites un poco.

—A mí siempre me toca elegir —dije—. Vamos, ¿qué quieres en realidad?

—No me importa; lo que sea que te guste —respondió.

—¿Estás seguro de eso?

—Sí, estoy seguro.

—Estaba pensando que una cena en un restaurante de comida rápida podría estar bien.

No hay nada de malo en eso, pero no era lo que yo deseaba, y me figuré que tampoco él. Mi amigo se rió y dijo:

—Ah, sí, seguro —como si yo estuviera bromeando.

Sin embargo, hablaba en serio y empecé a conducir hacia el restaurante de comida rápida.

—¿Estás bromeando? —preguntó él, incrédulo.

—No —dije—, si no tienes una opinión, allá es donde iremos.

—En realidad, tengo ganas de disfrutar de la comida china esta noche.

—Me alegro de oírlo —dije, y di la vuelta.

De este modo, me aseguré de que supiera que yo pensaba que era muy bueno que él expresara su opinión.

Ahora bien, esta es una experiencia jocosa, pero recalca el punto. Tal vez usted no tenga tanto miedo como mi amigo de definirse a sí mismo, pero puede estar cerca. En lugar de esperar para ver si no hay moros en la costa, fomente el hábito de decir lo que observa, piensa, le gusta o no le gusta. Las personas tal vez estén de acuerdo o no. Usted puede acabar yendo a cenar a un restaurante de comida rápida. No obstante, conforme hace de decir la verdad la norma en sus relaciones personales, hallará más fácil confiar en que sus límites definidores son buenos y le ayudarán a conectarse a otros de manera saludables.

Deje que otro sea el equivocado

A veces su propia experiencia o verdad subjetiva no encaja con la experiencia o las percepciones de otro. Las personas ven las cosas de manera diferente. En ocasiones es posible identificar que uno está errado y el otro tiene razón. Por ejemplo, si hay un desacuerdo en cuanto al saldo que queda en la cuenta de cheques, el estado de cuenta bancario provee una manera objetiva de saber quién tiene la razón. Otras veces, simplemente es una cuestión de perspectiva u opinión. Por ejemplo, cuál equipo universitario de algún deporte tiene el mayor potencial o cuál es la mejor manera de disciplinar a un hijo. Los buenos amigos se sienten confortables con este tipo de diferencias, incluso al punto de llegar a un debate vigoroso. Una de mis cosas favoritas es que mi esposa y yo salgamos a cenar con personas interesantes que no ven el mundo como nosotros lo vemos, de modo que pueda conocer sus propios mundos y enterarme de sus opiniones. Sería una vida bastante vacía simplemente pasar el tiempo con copias al carbón del uno y el otro.

Sin embargo, cuando hay un desacuerdo significativo sobre algo con respecto a lo cual usted y la otra persona tienen opiniones firmes, tal vez se halle yendo y viniendo en lo mismo, volviendo al tema, pensando en diferentes maneras de recalcar su punto, y en general haciendo las cosas difíciles para todos los que lo rodean. Ciertamente, hay ocasiones para esto: cuando confrontamos a alguien sobre un problema o pecado serio, o hacemos un llamado de atención por uso de drogas, desfalco o infidelidad, por ejemplo.

No obstante, después de unas pocas conversaciones, cuando ambos llegan al punto de obstinarse en su posición, es probablemente tiempo de avanzar. Acuerden discrepar. Deje de gastar energía interminablemente intentando hacer que el otro vea las cosas como usted las ve. Si descubre que no puede hacer a un lado el asunto, tal cosa puede significar que no confía lo suficiente en sus propios límites definidores. Tal vez piense algo como esto: *Si le dejo que tenga la última palabra, estoy cediéndole el control.* Se trata de un temor de que la identidad y la definición del otro son una amenaza para las suyas.

Déjelo en bien de la paz. Permítale que discrepe, aun cuando usted esté convencido más allá de toda sombra de duda de que él está equivocado. Después de un par de intentos de tratar de presentar su punto, simplemente déjelo. Hacer esto no implica un esfuerzo para hacer la conversación más agradable; es una manera de demostrarse a sí mismo que usted confía y se siente seguro de sus propios límites definidores.

Ahora bien, cuando está sentado al otro lado de la mesa con alguien que no ve las cosas a su manera y ha dejado de intentar lograr que vea su realidad, usted también está extendiéndose. Está aumentando su capacidad para definirse sin tener que demostrar nada. Eso lo pone en contacto con su ansiedad porque los otros concuerden, su ansiedad porque la gente vea las cosas a su manera, y su ansiedad en cuanto al espacio entre dos personas. Y si usted llega a sentirse cada vez más cómodo con eso, en especial con sus ansiedades en cuanto al espacio entre dos personas, podrá conectarse más profundamente y expresarse con más sinceridad, todo desde un cimiento de seguridad dentro de sus propios límites definidores.

Estaba teniendo un intercambio de correos electrónicos con un amigo llamado Rob y le envié alguna información sobre un proyecto de negocios.

—¿Qué pasa con la información en cuanto al proyecto? —me preguntó varios días más tarde.

—Te la envié hace una semana —le dije.

—No, no me la enviaste —respondió Rob al punto.

Tengo la regla relacional básica de que cuando alguien abruptamente dice: «Eso no es verdad» o «No, no lo hiciste», trato una vez más y luego lo dejo. Tal respuesta espasmódica por lo general quiere decir que la persona está reaccionando sin pensarlo gran cosa, así que hay un espacio escaso para el diálogo.

Obedecí mi regla y le dije:

—Estoy seguro de que te la envié; ¿acaso no apareció en tu buzón de entrada? —indiqué, obedeciendo mi regla.

—Verifiqué en mi buzón de entrada y en mi filtro de correo no deseado, y no me la enviaste —aseguró Rob.

Mi próxima respuesta podría haber sido algo defensivo como: «¿Cómo sabes si te la envié o no? Tú no estabas mirando por sobre mi hombro cuando lo hice». Sin embargo, esta vez simplemente lo miré y le dije: «Está bien, te la enviaré de nuevo». No quería enfrascarme en una lucha de poder por algo tan pequeño. Podía haber revisado mi propio archivo de correos e imprimido la prueba de que la había enviado, pero incluso eso me pareció trivial.

Un par de días más tarde, Rob llamó. «Hallé el correo original», dijo. «Lo lamento». Me alegré de oír que lo había encontrado. Y en realidad tuvimos una buena conversación acerca de su tendencia a ser algo rígido cuando tiene una opinión y cuán costoso pudiera ser eso para él en los negocios y las relaciones personales.

No obstante, el punto más importante consiste en que a veces implica un movimiento de crecimiento simplemente permitir que el otro esté equivocado. Las personas saludables a la larga reconocerán cualquier equivocación y volverán a comunicarse para corregir las cosas. Y con respecto a los que no son tan saludables, puede preguntarse a sí mismo: *¿Vale la pena el esfuerzo y el tiempo necesarios para convencerlo de que tengo razón?* Incluso Dios no hace eso con los problemas infinitos. Jesús fue voluntariamente «la piedra que desecharon los constructores» (Mateo 21:42); es decir, permitió que la raza humana discrepara con lo que él afirmó acerca de sí mismo. Así que déjelo.

¡Recaída!

¿Qué tal si descubre que está perdiéndose a sí mismo? Sé que esto parece un juego de palabras, pero hay un punto aquí. Todos recaemos en la arena del crecimiento personal. Y con los límites es común que una persona se halle a sí misma «coincidiendo para llevarse bien» y perdiendo su identidad por causa de mantener la paz en una relación personal. Por ejemplo, ¿qué tal si usted empieza a hacer acomodos en sus límites definidores, cerrándose emocionalmente, volviéndose dócil, saboteando su libertad y opciones, y perdiendo su autodefinición? ¡Que no cunda el pánico? Considere esto como parte del aprendizaje y el crecimiento.

En mi experiencia de ayudar a las personas a aprender sobre los límites, una recaída ocasional es normal. Tal como sus ejercicios físicos progresan y retroceden, y sus relaciones personales mejoran y tienen interrupciones, lo mismo sucede con los límites. El desarrollo de los límites nunca avanza en línea recta. No se desanime. Simplemente descubra lo que está pasando. Cuando halle que no está definiéndose a sí mismo como piensa que debería, la mayor parte del tiempo se debe a uno de cuatro problemas: usted se ha desconectado del respaldo, ha encontrado la oposición de alguien a quien quiere, encuentra resistencia debido a lo que usted mismo se dice, o está arriesgándose en un territorio no familiar.

Se ha desconectado del respaldo

A lo mejor se le acabó el combustible debido a que pasó mucho tiempo en aislamiento, enfrascado en relaciones personales que lo agotan, o en relaciones que simplemente no ofrecen gran cosa. Recuerde que sus límites pueden ser algo nuevos y rústicos. Necesitan una atención amorosa y personas que los afirmen en su vida. Una persona a la que estaba entrenando me dijo: «Me olvidé de establecer el vínculo». Me reí porque me sonó más bien como: «Me olvidé de respirar». Con el tiempo, aprender a buscar el respaldo de los que están de su lado se volverá un hábito natural y no algo que tiene que recordar u obligarse a hacer. Sin embargo, a menudo al principio es así.

Ha encontrado la oposición de alguien a quien quiere

No todos van a recibir con los brazos abiertos su autodefinición. Usted tal vez sea menos controlable y más polémico o diferente en sus opiniones. Y alguien que es importante en su vida tal vez se oponga a su nueva «definición». En algunos casos, es posible que lo ataque o juzgue. No hay cómo esquivar la realidad de que eso duele. Cuando alguien le importa, esa persona tiene acceso a sus partes más vulnerables. Si no, entonces no le importa gran cosa. Y cuando le dicen cosas como: *Solías ser un encanto, ahora eres egoísta; estás tratando de controlarme; no me aceptas; estás juzgándome,* eso puede hacer que usted lo piense dos veces antes de confiar en su propia definición.

Es posible que empiece a titubear en cuanto a aclarar sus valores, pensamientos y emociones ante otros. Por cierto, si alguien cuestiona sus límites definidores, siempre debe verificar lo que es verdad y seguir el consejo del Señor: «Saca primero la viga de tu propio ojo» (Mateo 7:5). Siempre necesitamos estar dispuestos a aceptar que nos equivocamos en una situación. Tal vez usted causó el problema en el proyecto en marcha. Tal vez usted se portó demasiado severo con su cónyuge en la fiesta. A veces podemos exagerar cuando nos definimos e inadvertidamente tratar de controlar o incluso juzgar a otros. No tenemos nada que temer de la realidad.

Al mismo tiempo, si ha buscado con diligencia la viga en su propio ojo, si ha comprobado sus percepciones —con Dios, la Biblia y personas sabias— y ha hecho sus tareas, simplemente manténgase firme cuando encuentra la oposición de otros con respecto a su opinión o sus límites. Esta es una posición de adultos. Déjelos que se fastidien con usted. Ámelos, pero no ceda en lo que es correcto y verdadero.

Encuentra resistencia debido a lo que usted mismo se dice

Hay una parte de usted que ha participado de forma activa en no definirse a sí mismo. La misma se presenta en la forma de esas voces en su cabeza que constantemente reproducen las cintas disfuncionales de su pasado. En realidad se trata de problemas en viejas relaciones personales que usted ha interiorizado, los cuales retardan su progreso, le producen inseguridad y aumentan su temor de ser una persona definida. Tal vez se descubre pensando cosas como estas: *He sido duro; es egoísta expresar mis propias opiniones; debo estar tratando de controlarla; a lo mejor no estoy aceptándola.*

Nuestras conexiones externas con otros impactan grandemente nuestra vida interior, así que las cintas son grabaciones de problemas relacionales pasados. Parte del propósito de las cosas negativas que se dice a sí mismo es mantenerse indefinido y literalmente viviendo en el pasado. Aunque no lo crea, las grabaciones que reproduce en su cabeza en realidad están tratando de protegerlo. Su instinto de autoprotección sabe que si usted se extiende, les presenta a los otros un reto y afirma lo que es, se expone a que lo lastimen de nuevo. Su mente reacciona a las amenazas pasadas y vuelve a repetir lo negativo a fin de que usted no se arriesgue y sufra más daño. Obviamente, esto es una ganancia a corto plazo, pero no sirve a la larga. Cuando usted oiga las cosas negativas que se está diciendo a sí mismo, reconózcalas por lo que son, pues ellas disminuirán su poder. Se trata simplemente del «viejo usted» tratando de protegerla del «nuevo usted».

Está arriesgándose en territorio no familiar

Cuando usted da los primeros pasos para avanzar más allá de los límites, está exponiéndose al peligro. Eso asusta, de modo que no está convencido de que sea seguro hacerlo. Es como lo que le sucede cuando se presenta a sí mismo un reto en un nuevo campo: usted se lanza solo para sentirse temeroso una vez que se da cuenta repentinamente de que no está seguro de saber lo que está haciendo.

Tengo una amiga autora que es muy buena oradora, pero hablar no es algo para lo cual siempre se sintió equipada o confiada. Me contó que le habló a un grupo grande un día y tuvo una experiencia casi fuera del cuerpo. Ella dijo: «Me vi a mi misma hablándole al grupo y pensé: "Yo no estoy calificada para estar aquí"». Felizmente, se reafirmó mentalmente y nadie llegó a saberlo.

Usted tal vez tenga la misma experiencia al tratar de avanzar más allá de los límites. Por ejemplo, puede ser que piense algo como esto: *Decir la verdad y fijar un límite no va a funcionar bien. Voy a meterme en muchos problemas por esto.* En tanto que puede ser verdad, es igual de probable que esté corriendo riesgos saludables y experimentando algo del temor a lo desconocido como resultado.

Así que espere una recaída y preste atención al respecto, pero no se deje ganar por la ansiedad. Dese cuenta de que es difícil en realidad perder sus límites definidores. Ellos llegan a ser una parte esencial de usted. Los límites definidores son el cimiento que sostiene sus límites protectores. Mientras más claro y sincero sea con otros en cuanto a quién es realmente, más listo estará para avanzar más allá de los límites hacia las conexiones íntimas que busca.

11

Permite que sus valores transformen sus deseos

Uno de los más grandes placeres que descubro al trabajar con las personas es cuando me dicen que se hallan avanzando en la cadena alimenticia, hablando en cuanto a las relaciones personales. Están usando mejor juicio para decidir en quién confiar y por qué. Más allá de eso, es un gran gozo cuando me aseguran: «Ya no me siento atraído al tipo de personas que solía atraerme». Entonces sé que alguna transformación ha sucedido. Cuando usted en realidad se siente atraído a subir en la cadena alimenticia y no simplemente obligado a hacerlo, está en camino a una vida saludable y grandiosa.

Tengo un amigo que hace poco asistió a la reunión del vigésimo aniversario de su graduación de la secundaria. Le pregunté cómo le fue y me dijo: «Hablé de nuevo con mi novia de la secundaria después de todos estos años. Viejo, ¿en qué estaba pensando yo en esos días?». La figura y la personalidad de ella lo habían atraído, pero también formaba parte del paquete un profundo interés en sí misma que él no había reconocido en su adolescencia. En ese tiempo solo se daba cuenta de cuánto la amaba y lo difícil que era cuando ella se negaba a hablar con él en sobre cualquier cosa que estaba sucediéndole.

Él creció y se casó con una mujer que tenía todo el paquete, incluyendo un gran carácter y la capacidad de dejar de enfocarse en sí misma y entrar al mundo de él. En realidad no se había dado cuenta de cuánto había cambiado hasta que entró en la reunión que le hizo retroceder en el tiempo, habló con su antigua novia, y se dio cuenta de que ella no había cambiado nada. Todavía seguía siendo atractiva y encantadora... y todavía eso era todo en cuanto a ella. Sin embargo, él tuvo la experiencia de conectar los puntos. Literalmente se asombró, porque la atracción ya no estaba allí. La vio como alguien en quien se había interesado, con una historia y experiencias compartidas, y en realidad alguien por quien sintió algo de lástima, porque el egocentrismo de ella la había conducido a unas cuantas pérdidas difíciles. Cuando le contó a su esposa acerca de la reunión, sintió en su interior cuánto la deseaba y se sentía atraído hacia ella. Como me dijo: «Me di cuenta de que me gané la lotería en la relación».

Usted debe ser atraído a la salud y el carácter

Usted puede cambiar en cuanto a la persona por quien se siente atraído. En realidad, puede sentirse profundamente atraído a personas mejores y más sanas. Sucede todo el tiempo cuando los elementos apropiados están en su lugar; y esto es importante para alistarse a avanzar más allá de los límites. La razón por la que es importante es que en su próxima relación personal grandiosa necesita ser atraído a la salud y al carácter. Esto es cierto para cualquier tipo de relación personal: romance, amistad, familia o negocios, y también para las nuevas relaciones personales tanto como para las existentes.

Piense por un momento en sus límites protectores. ¿Por qué existen? Ciertamente, para mantenerlo seguro en una situación tóxica. No obstante, más allá de eso, a menudo parte de las razones por las que usted tiene que fijar límites, distanciarse, establecer consecuencias y ser firme con alguien, para empezar, es debido a un defecto de carácter en ese individuo. Así que de nada sirve que continúe sintiéndose atraído al alguien de carácter pobre y luego tenga que hacer todo el trabajo de fijar de nuevo límites protectores. He trabajado con demasiadas personas que echan de menos esta parte y acaban con el mismo tipo de personas, simplemente con apellido diferente. Usted no quiere repetir el patrón... y no tiene que hacerlo cuando cambia la persona por quien se siente atraído, llegando a ser alguien lleno de salud y carácter.

A veces oigo a la gente hablar de relaciones personales insalubres como si sus malos patrones fueran una inevitabilidad genética: «Siempre soy vulnerable a personas encantadoras y manipuladoras, así que siempre necesito estar en guardia». *¡No! ¡No es verdad!*

Usted no está condenado a algún tipo de adicción permanente a las malas relaciones que tenga que soportar el resto de su vida. En realidad, puede ser atraído, a un nivel más profundo, a la salud y la madurez. Fue diseñado de esa manera. Dios tiene en mente un resultado en el que todos ganan: personas que en efecto disfrutan de una comida saludable y que también sabe bien. Hay una forma en que usted puede hacer algo mejor que soportar: permita que sus valores transformen sus deseos. Es decir, identifique lo que es realmente importante para usted a un nivel más profundo y empiece a poner en práctica esos valores. Verá la diferencia. Dios diseñó el proceso, a fin de que usted pueda ser «transformado mediante la renovación de su mente» (Romanos 12:2).

Tal vez ha oído cómo se entrena a los cajeros de banco para distinguir los billetes falsificados. No aprenden gran cosa en cuanto a los tipos de tinta, la impresión o las categorías de papel. Más bien, por semanas no se les da sino billetes reales para manejar, miles de ellos, de todas las denominaciones. Tocan y miran los billetes una y otra vez, todo el tiempo. Se trata de una inmersión en lo real. Entonces, cuando un billete falso pasa por sus manos, simplemente lo saben; algo así como un sexto sentido les indica que *este es diferente.* No es aquello a lo que están acostumbrados. Desde ese punto en adelante, chequean un poco más y confirman el fraude.

De manera similar, mientras más inmerso usted esté en la buena salud y el carácter —llegando a ser quien es en realidad, poniendo en práctica aquello en lo que cree y relacionándose con otros a ese nivel— más reconocerá y tendrá una experiencia con *lo real*. Lo real funciona. La salud fomenta una mejor vida. Y su sistema relacional empieza a buscar eso.

Sin embargo, no puede decirle a sus sentimientos y gustos que cambien. Tiene que ir mucho más hondo, al terreno de quién es usted. Primero debe atender sus valores.

Valores que transforman deseos

Al decidir qué es lo más importante para usted, debe tener en mente más que una lista en un marco en la pared. Sus valores deben ser algo en lo que usted piensa toda su vida, de lo que habla con los demás, y que dicten sus conductas y actitudes. Conforme sus valores se vuelven más saludables y rectos, se hallará atraído a personas más saludables y rectas, que tienen valores similares.

Estos son tres valores básicos que le ayudarán a ser, y hallar, a la persona apropiada.

Ponga en práctica el valor de seguir a Dios

Dios es el centro del universo y su vida. Como Rick Warren dice: «No se trata de ti»[6]. Se trata de Dios. Busque sus caminos y su dirección. La vida más saludable es también la vida más santa, porque la santidad es vivir una vida separada (es decir, claramente definida) para el uso de Dios. Hay tres valores básicos que Dios nos ha dicho que sigamos, los cuales, si los hace parte de su vida, cambiarán sus deseos y atracciones a un nivel profundo. Lo ayudarán a ser atraído a las personas correctas, porque la santidad y la salud atraen santidad y salud.

Hace poco hablé en un retiro de solteros y una mujer llamada Marcie me dijo:

—Soy cristiana y estoy saliendo con un hombre que no tiene mi misma fe. Por lo demás, se conecta muy bien conmigo, es sincero y tener buen carácter. ¿Debería romper con él?

—Depende —le dije—. ¿Es esto el principio de una relación personal para usted, en la cual apenas está empezando en el mundo del noviazgo?

—No —dijo—, es más que eso.

—¿Como la describiría?

—Estoy enamorada de él.

—Así que, ¿le gusta el hombre al punto en que a lo mejor quiere casarse con él?

—Sí.

—Está bien, Marcie, corramos la cinta hacia delante. Él tiene unas cuantas cualidades fabulosas que le encantan y aprecia, así que se casan. Aunque hay muchos aspectos en los que están conectados, usted va a la iglesia sola. Ora y lee la Biblia a solas; nada de devociones en pareja. Participa en un grupo de manera individual mientras que él se queda en casa. Y las partes más profundas, más básicas de usted, tienen que ir a otras relaciones personales, porque aun cuando se aman el uno al otro, no hay ninguna conexión espiritual. Eso no hace de él un chico malo, solo quiere decir que ustedes tienen un problema.

Ella era rápida para entender y estaba muy impulsada por sus valores. Le llevó como tres segundos y dijo:

—Comprendo. Tengo que romper con él. Mi fe es lo que más me importa.

Marcie estaba destrozada y sentí lástima por ella, pero captó el punto. No se trataba de que ella pensara mejor de sí misma o él fuera inferior; y no es que ella no fuera a sufrir por esto. No obstante, Marcie estaba poniendo en práctica sus valores. No dijo: «Ya no me siento atraída hacia él», porque eso sonaría como si él tuviera algunas cualidades saludables y atractivas. Más bien, ella sabía que solo sería más feliz y completa cuando pudiera compartir sus valores más profundos en una relación personal.

He visto a muchos como ella que tomaron la difícil decisión que sabían que tenían que tomar y más tarde se hallaron conectados con alguien con quien podía compartir su vida... espiritual, emocional y físicamente. Sin embargo, si eso significa quedarse soltero, también está bien. Cuando Pedro le preguntó a Jesús: «Señor [...] ¿a quién iremos? Tú tienes palabras de vida eterna» (Juan 6:68), estaba afirmando la realidad de que la única vida que tiene sentido es la vida plenamente comprometida y dedicada por completo a Dios. Una vez que usted conoce a Dios y sus palabras de vida eterna, queda sellado y ve que en realidad no hay ninguna otra alternativa posible.

Poner en práctica este valor ayuda a transformar sus deseos. Querer a Dios y sus caminos en todo aspecto de su vida también significa que desea que las personas importantes en su vida se conecten con usted a ese nivel. Es algo así como lo que sucede en el mundo físico cuando toma en serio el hacer ejercicio y comer de manera correcta. Lo hace por suficiente tiempo y entonces las papitas fritas simplemente ya no lo atraen tanto como algo más saludable. Reproduzca la cinta del futuro como Marcie lo hizo. Al compilar toda la realidad, ella se entristeció. Ya había empezado a deshacerse de la relación personal, llorándola y permitiendo que sus deseos cambiaran.

Ponga en práctica el valor de las relaciones vulnerables

Si la relación personal es uno de los sistemas divinos primordiales de entrega a fin de proveer lo que necesitamos, tiene sentido que la misma tenga un alto valor para usted. Hay pocas experiencias más positivas y satisfactorias que conocer a alguien y ser conocido a un nivel profundo. Una vez que tiene esta experiencia, es fácil acostumbrarse a la misma y en última instancia exigírsela a sí mismo. Cuando ha experimentado ese tipo de gracia y empatía, se da cuenta de que resulta esencial para usted.

Eso fue lo que le sucedió a mi amigo que asistió a la reunión de sus compañeros de secundaria. Cuando conoció a la mujer que ahora es su esposa, no sabía por qué el tiempo que pasaba con ella le parecía tan bueno. Luego, al pensar al respecto, se dio cuenta de que se debía a que ella se conectaba con él. Conforme avanzaron en la relación personal, ella en realidad escuchaba lo que le decía y se concentraba en él. No solo eso, sino que esta mujer tuvo en cuenta sus pérdidas e inseguridad tanto como sus logros y sueños. Ella quería conocer sus puntos débiles tanto como sus puntos fuertes.

Al mismo tiempo, fue vulnerable con él en cuanto a sus propias debilidades. Ella no tenía que fingir haberlo resuelto todo, y él se sintió atraído a esas partes de ella. Ninguno de los dos es perfecto; ambos tienen sus lados oscuros. No obstante, se han quitado las hojas de higuera el uno ante el otro todo lo que han podido, y esos años de intimidad hicieron agudo el contraste con la relación personal de la secundaria. A él lo atrae lo profundo, la seguridad, la aceptación, escuchar activamente. Sus gustos relacionales han cambiado.

Usted no tiene que casarse para experimentar este tipo de transformación, pero sí tiene que hallar algún contexto en el cual esto esté sucediendo, ya sea con los amigos o la familia. Una vez que uno se ha conectado y ha sido aceptado profundamente, es difícil conformarse con menos. Resulta demasiado satisfactorio como para alejarse de eso.

Ponga en práctica el valor de la honradez

Los que han vivido en una relación difícil a menudo aprenden a distorsionar la realidad como un mecanismo de defensa. Han encontrado en la otra persona un defecto de carácter o un patrón de hábitos que está integrado profundamente y no muestra señal alguna de cambio. Sin embargo, quieren a la persona y no desean renunciar a la relación. Así que sin darse cuenta hacen acomodos en cuanto a ciertas verdades para evitar sentirse divididos, o incoherentes, o hipócritas. Es lo mismo que usted hace cuando se pone un pantalón que ahora le queda demasiado estrecho y dice: «El pantalón debe haberse encogido por el lavado en seco». Esta forma de racionalizar la realidad hace las cosas más tolerables, por lo menos a corto plazo.

Por ejemplo, usted tiene que aguantar por mucho tiempo a alguien que de manera crónica desvía la culpa. Cualquiera que sea el problema, esta persona le echa la culpa a usted, aun frente a evidencia en blanco y negro que afirma lo contrario. Una vez asesoré a Rebeca, una ejecutiva de una corporación cuyo gerente de ventas, Aarón, estaba dotado de grandes destrezas personales, pero con todo sufría de la enfermedad de culpar. Rebeca apreciaba las capacidades de Aarón, pero su conducta de echarles la culpa a los demás la enloquecía. Si había un problema de personal, una dificultad financiera, o un conflicto de calendario, Aarón siempre le echaba la culpa a otro... ya fuera a Rebeca, al tráfico, a su ex esposa o a la economía.

Hablábamos sobre el trabajo un día y le pregunté a Rebeca cómo le iba con Aarón. «En realidad, las cosas marchan mejor», comentó. «No pienso que él sea todo lo malo que solía ser». Animado, le dije: «Eso está muy bien, ¿que sucedió?». Desdichadamente, lo que acabó contándome fue que trataba de no pensar en la costumbre de él de echar la culpa y más bien se consideraba a sí misma la chica mala la mayoría de las veces. Así fue como cedió y se avino a la realidad a fin de vivir con ella.

«Ah, sabía que él no miraría el informe de forma correcta, así que simplemente me hice cargo. Está bien, es un buen tipo». Sonrió con indulgencia, de la manera en que algunas mamás codependientes sonríen cuando su travieso hijo de seis años se porta mal en el supermercado, como diciendo: *Ah, ese pilluelo, pero, ¿no es un encanto?*

Quedé algo alarmado y se lo hice saber. «Eso no está bien», le dije, «necesitas tener algunas conversaciones sinceras aquí, ya sea o no un empleado valioso. Él tal vez cambie, pero incluso si no lo hace, por lo menos ambos sabrán la realidad y tendrán que hacerle frente».

Rebeca venció su temor y puso en práctica su honradez, pues en verdad la valoraba. Simplemente tenía miedo. Ella sostuvo conversaciones directas con Aarón en cuanto a su conducta de echar la culpa. Las cosas mejoraron por un tiempo, pero a la larga él se cansó del escrutinio y renunció. Sin embargo, todo tuvo un final feliz. Había abundantes gerentes de venta esperando entrevistas que eran igual de talentosos que Aarón. Y a Rebeca, después de saltar algunos escollos durante la transición entre empleados, le fue mucho mejor con la nueva persona que contrató. Podía contar con alguien competente que también asumía la responsabilidad por sus errores.

Y hubo incluso otro beneficio, tal vez incluso mejor, para Rebeca. Ella desarrolló una política interna de «cero tolerancia» para los que echan la culpa. Cuando oye un patrón de excusas, rápidamente lo confronta y le hace frente. Ella no es una persona dura en lo absoluto, sino que en realidad se muestra muy amable. Sin embargo, no soporta que desvíen la culpa. Sus gustos han cambiado. Nada de sonrisas indulgentes. Amistad, sí, y altas expectativas, también. No obstante, la atracción hacia las excusas y el que las da ha desaparecido.

Atrévase a ser honrado. Diga la verdad. Esto es un valor para usted, pero necesita ejercerlo en su vida. Hacerlo le impide tratar de ajustar la realidad a fin de encajar en una situación mala. Una vez que la verdad sale, o bien ayuda a la otra persona a cambiar o enfrentará el asunto de lleno y lo adaptará de una manera más saludable. Y descubrirá que se siente más atraído a personas que practican la verdad, de la misma manera en que usted ha llegado a ser una de estas personas.

Cuando se vuelve más honrado en cuanto a lo que es verdad y real, en realidad está recalibrando lo «normal» en su mente. Probablemente ha aceptado algunos patrones que no sabía que eran destructivos porque era todo lo que conocía. Un pez no sabe que está mojado, pues el agua es lo único que conoce. Hace poco hablé con una pareja sobre su relación personal anterior. Él me dijo que tenía una «mamá querida» que era muy cariñosa un día y alguien frenético y fuera de quicio al siguiente. Su papá nunca confrontó la conducta, así que el hombre en realidad pensaba que dejar que le gritaran sin ninguna razón era parte de una relación normal entre madre e hijo. No empezó a ver nada diferente hasta sus primeros años de casado, cuando su esposa presenció uno de los ataques desquiciados de su suegra y quedó estupefacta. Su esposa le dijo: «Esto es una locura y un error. Yo no voy a soportar tal cosa en nuestro matrimonio y con nuestros hijos». Él se quedó confuso, pero la reacción normal de su esposa ante lo anormal fue suficiente para ponerlo a pensar en cómo eran el amor, la bondad, la paciencia y el dominio propio normales... así como también a considerar la posibilidad de que su madre estuviera algo desquiciada. Esto lo llevó a su propio crecimiento personal y relacional como hombre, esposo y padre. Y al igual que Rebeca, llegó a ser mucho más claro para él lo que le gustaba y no le gustaba en una relación personal.

Sea la clase de persona a la cual usted quiere ser atraído. Hallará que lo atraen cada vez menos aquellos individuos con cuestiones difíciles de carácter y que se siente más deseoso de encontrar personas llenas de gracia, seguridad, aceptación y anhelos de crecer.

12

Conoce cuáles riesgos vale la pena correr y cuáles no

Las relaciones personales grandiosas son satisfactorias.

Las relaciones personales grandiosas incluyen riesgo.

No puede tener lo primero sin lo segundo.

Las buenas relaciones personales requieren que usted se exponga a correr riesgos: riesgo de ser malentendido, de alienación, de lastimar a alguien por igual. Esto no quiere decir que las relaciones personales no merezcan que nos arriesguemos, porque las buenas lo valen. Este es simplemente el precio del curso. Sin dolor, no hay ganancia.

El reto consiste en que aquellos que fracasaron en una relación personal a menudo tienen problemas con los riesgos. Están fuera de equilibrio. A veces insisten en no correr ningún riesgo y tratan de controlar el curso de la relación personal. Esto en realidad puede ser aburrido e insatisfactorio. Y en otras ocasiones permiten conductas que son inaceptables en nombre de correr riesgos. En otras palabras, no saben exactamente cuál es la diferencia entre cuáles riesgos vale la pena correr y cuáles no. A fin de avanzar más allá de los límites y prepararse para la franqueza y la vulnerabilidad, usted tiene que aclarar cuáles riesgos vale la pena correr y cuáles no.

Riesgo, amor y libertad

Un riesgo significa simplemente una posibilidad de peligro. Correr un riesgo quiere decir tomar una decisión sabiendo que uno no es capaz de controlar el resultado. Puede ser en cualquier aspecto de la vida: las finanzas, la actividad física o las relaciones personales. Cuando usted está trotando en una calle, corre el riesgo de que algún automóvil lo atropelle. Cuando evita la calle y avanza por la hierba, corre el riesgo de pisar un agujero y torcerse un tobillo. Así que usted mide el riesgo a la luz de la ganancia potencial. Todos los días hacemos estos juicios calculados de maneras tanto pequeñas como grandes. Lo mismo es cierto en las relaciones personales. Cuando un hombre se acerca a una mujer en una reunión y se presenta, corre el riesgo de que ella no tenga interés. Cuando la mujer responde, ella corre el riesgo de que él, a su vez, se eche entonces para atrás.

Sin embargo, el riesgo es el único camino que tenemos para experimentar relaciones verdaderamente satisfactorias. La forma en que esto está supuesto a funcionar consiste en que por medio de un proceso gradual ambas personas se quiten las capas que conforman quiénes son, llegando con el tiempo a niveles más profundos. Hacia allá es a donde se dirigen las grandes amistades, las relaciones de noviazgo y los matrimonios. Sin embargo, hay un detalle, que es en lo que consiste el riesgo: *Las conexiones saludables siempre le dan a la otra persona una opción.* En esto radica la posibilidad de peligro. Si usted se interesa en alguien, si ha invertido en alguien, si quiere a alguien, debe permitirle a esa persona tener libertad. Esa persona puede escoger no reciprocar su amor, no interesarse, y terminar la relación. Y usted debe proteger la libertad de ella para hacerlo. Esa es la única manera en que usted o cualquiera experimentará en realidad amor.

El amor no puede existir sin libertad. Nadie puede entregarse a otra persona a un nivel auténtico si no tiene una opción. No tiene sentido que otra persona esté con usted por temor, obligación o lástima. ¿Cómo sería esa experiencia para usted? Se sentiría vacío y aislado. No se sentiría conectado. Con toda probabilidad se alejaría de esa relación. El amor no se puede ordenar ni coaccionar; solo se puede dar.

Un amigo mío, Richard González, dirige un ministerio grande basado en grupos pequeños en una iglesia en el área de Los Ángeles. Ayuda a los esposos que han maltratado a sus esposas y ellas, como consecuencia, los han dejado. Los hombres vienen a él quebrantados y sin idea de cómo reparar las cosas. Él comenta: «Lo primero que les digo es que dejen de mandarles mensajes o llamar a sus esposas. La mayoría de las veces están abrumándolas con sus constantes esfuerzos para que vuelvan: rogando, suplicando y tratando de hacerlas sentir culpables. Les digo: "Estás tratando de controlar a tu esposa, que es lo trajo problemas a la relación en primer lugar. Deja eso y empieza a trabajar en ti mismo y por ti mismo, no para hacer que ella regrese. Luego permite que ella se entere de que eres un hombre nuevo».

Richard tiene mucho éxito con este método. Él llega a la médula del asunto, que es que nadie puede en verdad entregarse por ninguna razón aparte de su propia decisión de hacerlo.

El amor no se puede imponer cuando uno ha tenido la culpa. Tampoco se puede imponer cuando uno ha sido la parte inocente. Un hombre que conozco tiene un hijo adulto drogadicto. El joven está lleno de resentimiento hacia su papá, porque después de años de facilitar la adicción, el padre fijó un límite y dejó su codependencia. Había estado pagando los gastos de vida del joven sin hacer ninguna exigencia de que el hijo buscara ayuda. Cuando el padre le dijo que ya no financiaría sus gastos de vida si no se involucraba en un proceso de rehabilitación, el joven se enfureció y acusó a su papá de no quererlo. El hijo cortó toda relación y ni siquiera le habló su papá. En realidad, los límites fueron lo más amoroso que el padre había hecho en largo tiempo, pero el hijo no podía verlo de esa manera.

La desconexión con su hijo le dolió a este hombre y lo lastimó. Se vio tentando a ceder y hacer las paces con su hijo renovando el sostenimiento financiero. Estuvo a punto de hacerlo debido a lo mucho que echaba de menos a su hijo, pero se obligó a mantenerse firme y simplemente le dijo al joven: «No voy a pagar por nada excepto la rehabilitación. Si escoges hacer eso y lo logras con éxito, estoy dispuesto a hablar más tarde sobre ayudarte». Le dijo a su hijo que, en última instancia, incluso si llegaba a quedar libre de las drogas, debía en algún momento pagar sus propios gastos, así que no le prometía nada.

El papá tuvo que tolerar el odio de su hijo por varios años, y eso fue duro para él. Finalmente, el hijo se enamoró de una joven que insistió en que buscara ayuda. Ella le importó más que su papá, así que le hizo caso. Entró en un programa. Como a menudo sucede, durante el programa se dio cuenta de lo injusto que había sido con su padre y empezó un proceso de reconciliación. Ha sido un proceso lento, pero valió la pena para el padre. Él podía haber «pagado» a fin de tener una respuesta positiva de parte de su hijo, pero sabía que eso no habría sido amor. Solo hubiera sido una transacción, vacía y sin significado o vida.

Por eso una y otra vez Dios nos pide que lo busquemos de corazón, desde lo más profundo de nosotros: «Pero si desde allí buscas al Señor tu Dios con todo tu corazón y con toda tu alma, lo encontrarás» (Deuteronomio 4:29). Dios no tiene ningún interés en una obediencia basada en el temor; él sabe que eso no significa nada. Dios desea que lo amen y lo ha hecho a usted a su imagen a fin de que también quiera ser amado. No obstante, el amor nunca se desarrolla sin libertad, así que siempre hay riesgo.

Distinga entre los riesgos aceptables e inaceptables

Si ha sido atropellado, por así decirlo, por la libertad de alguien a quien quería, todo este hablar acerca del riesgo puede haber sido duro para usted. Tal vez sea enemigo del riesgo, y nadie lo culparía. Esto puede ser confuso al principio, en especial luego de una mala relación. Vi esto en un hombre con el que trabajé, el cual procedía de una familia dura y controladora. Nick tuvo pocas opciones cuando muchacho y había adoptado un estilo de personalidad dócil a fin de sobrevivir durante su infancia. Simplemente, apenas se hacía notar en su vida diaria, y nunca expresó sus pensamientos y sentimientos reales. Su patrón de docilidad funcionó y aprendió a canalizar sus energías para lograr éxito en los negocios. Trabajaba muy bien con estructuras autoritarias, en las cuales el jefe era estricto y rígido. No obstante, se sentía muerto por dentro, y sabía que eso era un problema.

Al trabajar juntos, Nick se percató de cuánto poder personal y control legitimó le había faltado. Como sucede a menudo, una vez que se puso en contacto con esos sentimientos, atravesó una temporada en la que él mismo se volvió controlador, en una especie de intento de invertir la situación. En realidad, esta fue la manera en que pudo separarse mentalmente lo suficiente de su papá controlador a fin de sentirse más cómodo con su propio poder. Sin embargo, durante esa temporada resultó ser un individuo con el que era muy difícil vivir. Cuando su esposa discrepaba con él sobre las decisiones financieras que tomaba, por ejemplo, este individuo con quien normalmente era fácil llevarse decía: «Si me quisieras, me respaldarías y confiarías en mí». En otras palabras, interpretaba la libertad de ella como falta de amor y algo que no era bueno para él.

No obstante, hay una realidad: *El problema nunca es la libertad. El problema es siempre el carácter de dos personas: el suyo y el de la persona que usted ama.* No haga de la libertad la chica mala; más bien, celébrela y protéjala, porque sin ella no hay amor. Usted fue lastimado bien sea porque la persona no tenía amor, hubo mala comunicación, permitió algo que no debería haber permitido, o quería algo que no era posible. Así que eso nos conduce de nuevo al riesgo. Si el

143

riesgo es inevitable e incluso algo bueno, necesita entender la diferencia entre los riesgos que son aceptables y los que no lo son.

Dolor y daño

¿Puede establecer la diferencia entre cuando le duele y cuando sufre daño en una relación personal? Hay una gran brecha entre la incomodidad y el daño real a su bienestar emocional. La incomodidad puede ser aceptable, pero el daño nunca lo es. La experiencia de dolor puede ser la misma, así que a veces es difícil establecer la diferencia desde esa perspectiva. En realidad, puede resultar menos doloroso en un riesgo malo y dañino que en un riesgo aceptable. Así que necesita considerar factores diferentes.

Por ejemplo, suponga que le presta a un amigo veinte dólares porque tiene problemas económicos. Hay un riesgo, pero a menos que usted mismo esté en una situación financiera precaria, no es un riesgo dañino. Luego suponga que su amigo simplemente ignora la deuda que tiene con usted debido a su propio ensimismamiento o chifladura. Eso puede fastidiarle o dolerle, pero usted no ha sufrido daño. Sin embargo, si no le paga después de que le da sus ahorros de toda su vida porque él no quiere conseguir un trabajo, entonces usted sufre daño.

Esto es importante, ya que una de las consecuencias desdichadas de una mala relación personal es que un individuo puede desarrollar un límite al dolor anormalmente alto. Tal vez no sepa cuándo está sufriendo dolor o cuándo está sufriendo daño. En algunos casos, incluso tal vez ni se percate de que le está sucediendo algo negativo. Tolera conductas, actitudes y palabras que no debería soportar. Literalmente, no se da cuenta de lo que le sucede, casi como si estuviera anestesiado relacionalmente.

Observé a una pareja en una reunión que exhibió esta dinámica. Frente a otros, él contó un chiste y la llamó perra.

Para mí aturdimiento y tristeza, ella entonces dijo: «Guau, guau». A modo de tomarlo por el lado amable y mostrarse comprensiva, permitió lo que no debería haber permitido. A cierto nivel tal vez esta mujer se daba cuenta de que eso era dañino, ya que luego hizo el comentario de que ella era una persona sin complicaciones y tenía la piel curtida. Supongo que eso es posible. No obstante, a mi juicio ella fue humillada por el hombre que supuestamente la ama.

Vivir en un estado de anestesia relacional es algo que ocurre lentamente con el paso del tiempo. Usted trata de ser la persona más madura, la que ha crecido. Trata de no reaccionar de forma exagerada emocionalmente. No quiere ser un quejoso, ni que se le vea como persona demandante o quisquillosa. O simplemente se acostumbra al asunto y trata de ignorarlo para poder funcionar en la relación sin mayor conflicto emocional. Sin embargo, a fin de cuentas, esto no es bueno. Usted necesita sentirse bien cuando es amado y mal cuando lo maltratan. De esta forma se mantendrá en contacto consigo mismo y con la realidad, siendo capaz de tomar mejores decisiones en cuanto a su relación personal.

Si la anestesia relacional es un problema para usted, todavía no está listo para demostrar mucha vulnerabilidad. A lo mejor corre algunos riesgos que podrían causarle problemas y nunca los vería venir. Préstele atención a sus emociones, especialmente a las negativas. Existen para protegerlo y sirven como señal de lo que está pasando[7]. Es posible que lo estén tratando bien o mal, pero usted es responsable de determinar la diferencia.

Cómo discernir la diferencia

¿Cómo discierne usted la diferencia entre un resultado doloroso y un resultado dañino cuando corre un riesgo? He aquí la distinción: En tanto que el dolor es la experiencia de algo lamentable, tal vez no resulte dañino. Sin embargo, el daño es diferente. *El daño produce problemas significativos en los tres aspectos primordiales de su vida.* Veamos cómo es esto en la práctica.

Alejamiento de otras relaciones personales. Si su experiencia en la relación personal afecta la forma en que se relaciona con otros de una manera significativamente negativa, eso es una señal de daño. Por ejemplo, suponga que se enamora. Usted fue vulnerable con esa persona y corrió riesgos al apegarse. Accedió a depender de ella y le permitió conocerlo a un nivel más profundo. Luego atravesaron un conflicto y se hizo inseguro continuar abriéndose emocionalmente ante ella. Si usted se entristeció y se desalentó por eso, ha sufrido dolor. Aunque no resulta agradable, esto es normal en una relación personal. Sin embargo, si ya no puede abrirse y permitir que otros entren, se aísla de los demás y se aleja del respaldo, eso es dañino. La relación personal difícil produjo un daño que impacta sus otras relaciones personales, de modo que usted necesita tiempo y atención para sanar.

Decadencia personal. Su vida personal abarca todo lo que sucede dentro de su piel: sus conductas, cómo se siente con respecto a sí mismo, su bienestar emocional y sus hábitos. Tomando el mismo ejemplo de enamorarse, si el conflicto relacional resulta en cualquier tipo de decadencia personal sostenida —por ejemplo, depresión, un cambio significativo en el peso, o una duda a en cuanto a sí mismo que lo incapacita— eso representa un daño.

Desempeño disminuido. El desempeño tiene que ver con los aspectos de *actuar* en la vida, las tareas y actividades. Su trabajo, su profesión, su vida financiera, la organización en el hogar y la administración del tiempo son partes del desempeño. El daño tiene lugar cuando usted ya no puede funcionar a los mismos niveles en que solía hacerlo, descubriendo que puede empezar proyectos y tareas, pero no los termina. A menudo una persona sufrirá problemas en cuanto a energía, enfoque, creatividad o disfrute del trabajo.

Lucas, el dueño de una pequeña empresa al que asesoré, entró en un período tumultuoso con su esposa. Ella era extremadamente posesiva y perdía los estribos cuando él quería pasar tiempo con sus amigos. El gasto de energía que resultó de mantener su matrimonio fue tan grande que se halló cometiendo errores estratégicos y financieros en su trabajo. Literalmente, no podía funcionar al nivel que lo había hecho por muchos años. La relación personal estaba causando daño. Si usted descubre que el trabajo ya no es lo que solía ser, tal vez no se trate del trabajo, sino de un conflicto relacional que esté atravesando.

¿Está empezando a ver con mayor claridad la diferencia entre dolor y daño? ¿Le da eso una mejor idea de la clase de riesgos que con frecuencia aparecen en una conexión y la clase de riesgos que nunca debería correr? Estos son algunos ejemplos adicionales a fin de ayudarlo a que vea la diferencia tan clara como el cristal:

- Es aceptable tener una discusión, pero no que le griten o lo traten con desprecio.
- Es aceptable seleccionar a la persona errada, pero no lo es permitirle que se haga cargo de su vida, pensamientos y valores.
- Es aceptable abrirse a una persona y sentirse mal si ella lo critica, pero no es correcto permitir que suceda repetidas veces.
- Es aceptable ceder el control del resultado de la relación personal y dónde acabará, pero no lo es permitir que las decisiones del otro sean las únicas opciones.

Cuando surgen problemas en una relación personal, siga avanzando al atravesar dolor mientras se sienta comprometido con la relación, pero preste atención cuando las cosas crucen la línea hacia el terreno del daño.

Evalúe el beneficio de su inversión relacional

Aparte de considerar el dolor y el daño, pregúntese: *¿Vale esta relación personal el tiempo y la energía que le dedico?*

Algunas relaciones personales lo valen, otras no. Usted tiene solo cierta cantidad de tiempo y energía. Necesita administrar su tiempo tanto como necesita administrar sus finanzas. Cuando compra acciones fiduciarias o invierte en un negocio, espera una ganancia de su inversión. Lo mismo es cierto en las relaciones personales. Usted debe obtener algo bueno: mayor amor, conexión o intimidad, la edificación de una vida juntos.

Puede ser un riesgo aceptable de su tiempo y energía persistir en una amistad conflictiva, ya que usted cree en la persona o ve la luz al final del túnel. O tal vez no lo sea. Observo este problema entre las personas que navegan en el mundo de la soltería. Una mujer tal vez esté saliendo con un hombre que pudiera parecer una persona perfectamente normal. Luego me entero de que él le tiene pánico al compromiso y han estado saliendo por seis años. No hay nada raro, cruel o abusivo teniendo lugar; no existe ningún daño evidente. No obstante, si la mujer está esperando matrimonio y tener una familia, esta situación probablemente no es un riesgo aceptable para su tiempo y energía.

Mientras más claro tenga lo que quiere en una relación personal, lo que está dispuesto a invertir y cuánto pudiera ser demasiado, mejor le irá. La línea que traza es la línea entre el riesgo aceptable y el riesgo inaceptable.

Avance más allá de la generalización

Cuando los riesgos marchan mal, aparece otro problema. Permítame explicarlo. Hay una frase que, después de leer este libro, espero que usted nunca vuelva a decir. Es: «Simplemente, no se puede confiar en X». La X pueden ser hombres, individuos divorciados, mujeres, personas solteras, gente del tipo encantador, la raza humana, o un infinito número de grupos. Le aseguro que tendrá una vida mucho más feliz y avanzará más allá de la autoprotección hacia las relaciones personales si borra para siempre esta frase de su vocabulario.

«Uno simplemente no puede confiar en *ellos*» brota de un concepto psicológico llamado *generalización*. La generalización es la acción de derivar principios partiendo de experiencias aisladas. El individuo toma unas pocas experiencias de alguien perteneciente a un grupo y da por sentado que toda persona en ese grupo es igual:

• Los hombres son incapaces de apegarse emocionalmente.
• Las mujeres son manipuladoras.
• Los solteros están absortos en sí mismos.
• Las divorciadas son mujeres desesperadas.
• Tarde o temprano las personas lo defraudarán.

Sin embargo, la realidad es que aun cuando siempre habrá algunas personas tóxicas a su alrededor, ningún grupo está poblado el ciento por ciento de individuos indignos de confianza. Piense en usted mismo, por ejemplo. A usted no le gustaría que lo estereotiparan según alguna tendencia falsa solo porque pertenece a cierto grupo demográfico. No le gustaría que alguien lo juzgara de esa manera y diera por sentado que es culpable antes de saber si usted es inocente.

¿Por qué generalizamos? Hay dos razones principales: Para protección propia y a fin de simplificar la complejidad. Las personas a menudo generalizan como una forma de protección cuando se violan los límites. Razonan que si uno descarta a todos los miembros de un grupo representativo de la persona que lo lastimó, hay menos probabilidad de que volverán a herirlo. Rara vez esta es una decisión intencional. Se trata de una asociación sencilla que tiene lugar en las partes más primitivas de nuestro cerebro. Vemos a alguien similar a la persona negativa y nuestros instintos de protección nos indican que nos alejemos.

También generalizamos porque simplifica las decisiones de la vida. Los chiquillos aprenden que resulta más probable que una persona que sonríe sea más amable que alguien que grita. Uno puede descartar un género, un grupo socioeconómico, una religión o un estilo de personalidad sin tener que correr un riesgo. En vez de entrar en la debida diligencia de lidiar con las complejidades de quiénes son las personas, la generalización se convierte en una forma de mantener las cosas fáciles de clasificar. Y las personas que tienen problemas de confianza típicamente prefieren alguna manera de descalificar a una nueva relación en lugar de correr el riesgo de sufrir daño al hacer un juicio pobre. Más vale precaver que lamentar.

En realidad, cuando estoy trabajando con un verdadero rescatador —alguien que confía demasiado rápido y acaba fomentando en otros conductas autodestructivas— lo trato con suavidad al principio y no digo mucho en cuanto a sus generalizaciones. ¡A veces las generalizaciones pueden ser una señal de progreso! Es preferible permitir que alguien diga lo que quiere en cierto momento y nunca tildar su destructividad por lo que es. Así que cuando el rescatador avanza más allá: «Me gritó porque está bajo tensión en su trabajo», o «Los hombres simplemente usan a las mujeres para ventilar sus frustraciones», le concedo a la persona un poco de tiempo para que se aferre a su generalización colérica, irreal e injusta antes de aclararla. No obstante, en algún punto hay que atender y resolver esto.

Si usted descubre que tiene un patrón de generalización, es más probable que esté reaccionando al dolor y deba lidiar con eso y sanar. Incluso si sus generalizaciones brotan de una herida, con todo está juzgando a alguien. Esto no es justo para nadie; ni para usted mismo ni para el otro. La solución radica en *hacer uso de su juicio en lugar de juzgar*. Es decir, evalúe a la otra persona fundamentándose en sus propias palabras y acciones con el correr del tiempo antes de estereotiparla basándose en una previa relación personal destructiva. Esto lo ayudará a avanzar más allá de sus límites protectores y hallará más oportunidades para una conexión auténtica.

Considere la generalización como un límite temporal. Lo protege del daño y el riesgo, guarda su corazón, pero a la larga no le va a servir bien. Así que la mejor respuesta es continuar desarrollando sus propios límites, su capacidad para decir sí o no con amor, y ser veraz. Entonces tendrá confianza en sus capacidades para cuidarse a sí mismo en lo que concierne a las relaciones personales, y disfrutará al llegar a conocer a personas que de otra manera pudiera haber pasado por alto.

Una mujer con la que trabajé, la cual había sido severamente maltratada por un esposo colérico y agresivo, atravesó una temporada después de su divorcio en la que por un tiempo consideró a todos los hombres como indignos de confianza. Ellos eran «maniáticos del control» y «dominantes», o «chiquillos inmaduros» y «quejosos». Evadió salir por un tiempo, lo cual respaldé, porque eso le proporcionó enfoque y energía a fin de realizar una recuperación completa en su vida, emociones y pensamientos. Sin embargo, con el tiempo volvió a interesarse en los hombres. Esta vez sus generalizaciones fueron más específicas. Le gustaban algunos hombres, pero cualquiera que fuera enérgico, polémico, o del tipo dominante, se vio colocado en la categoría de «controlador y abusivo». Concedió que había hombres que podían ser amorosos, sensibles y seguros, pero no podían tener ninguna cualidad agresiva.

Así que salió con unos cuantos hombres pasivos, pensando que esa era la respuesta. Sin embargo, como podrá adivinar al leer la descripción de su naturaleza, rápidamente perdió el interés, pues no existía la suficiente energía y definición. Finalmente, llegó a estar lo suficiente segura de que había hallado a un hombre que estaba lleno de amor y de verdad. Tuvieron unos cuantos tropiezos, pero ella no lo estereotipó. Entendió que si quería ser honesta y clara, tenía que aceptar y respaldar también esa conducta en un hombre. Continuó profundizando la relación y avanzando más allá de su temor. No se casaron, pero no fue debido a que ella generalizó al hombre con quien estaba saliendo. Simplemente tenían sendas distintas en la vida.

Si usted ha sido del tipo confiado e ingenuo, tal vez tenga que generalizar por un tiempo, simplemente para empezar a

pensar en categorías. Los niños aprenden que hay tipos buenos y malos en la televisión. Los bien parecidos y pulcros son
los buenos, mientras que los feos son los malos. Están esta-
bleciendo grupos o categorías para hallarle sentido al mundo.

Si usted no tiene categorías definidas, tal vez necesite alguna manera amplia de hallarle sentido a las cosas mientras
su discernimiento mejora. No obstante, dese cuenta de que las
generalizaciones son temporales. A nadie se le debe considerar culpable, sino más bien inocente, mientras no se demues-
tre lo contrario, en especial a alguien con quien usted quisiera
tener una relación personal o una persona por quien pudiera
sentirse atraído, pero de quien necesita alejarse buscando una
excusa. Avance más allá de las generalizaciones y tenga en
cuenta al individuo.

El riesgo es inevitable, pero usted puede empezar a distinguir entre riesgos que duelen y riesgos que dañan. E incluso
si su experiencia ha sido mala, haga lo necesario para avanzar más allá de las generalizaciones. Hay abundantes personas buenas en el mundo con las que conectarse cuando usted
avanza más allá de los límites.

PARTE 3

CÓMO SABER CUÁNDO LA OTRA PERSONA ESTÁ LISTA

Cuando usted permite que sus necesidades de apego puedan más que sus valores, se encamina a tener problemas. Sin embargo, cuando sus valores pueden más que sus necesidades de apego, se dirige en la dirección correcta. Avanzar más allá de los límites requiere comprensión de qué valorar y buscar en la otra persona antes de mostrarse vulnerable y apegado. Hay un proceso de diligencia necesario que lo ayudará a saber cómo determinar si la otra persona está lista para una relación personal. Al principio usted no sabrá a dónde lo conducirá esta conexión. Podría acabar en una gran amistad, una sociedad de negocios, o incluso en el matrimonio. ¿Quién sabe? Sin embargo, puede saber mucho en cuanto a si la persona está lista para que los dos continúen adelante y exploren.

Tal vez usted esté interesado en una nueva persona, o quizás esté considerando una relación existente en la cual previamente fijó límites y ahora debe determinar si se trata de una «nueva» persona, que ha cambiado de las maneras correctas. Algunos de los capítulos de la Parte 3 tienen que ver con el proceso de crecimiento, sanidad y madurez de la otra persona. Otros se refieren a cuán tóxica o segura la persona es. No obstante, cada capítulo lo equipará para navegar raudamente sobre las aguas relacionales más allá de los límites.

13

¿Se interesa la persona por el impacto que ejerce sobre usted?

Una amiga mía quería tener la posibilidad de impartir conferencias. Poseía buena una dosis de experiencia y grandes logros profesionales, habiendo llegado a un punto de su carrera en el que quería compartirlos con el público. Así que me pidió ayuda. Contacté a otro amigo que estaba relacionado con una organización que preparaba reuniones públicas, ya que pensé que sus contactos le servirían bien a ella. Él fue muy servicial y se ofreció a darle la información acerca de mi amiga a los que tomaban las decisiones.

Varios meses más tarde, resultó que los tres nos encontramos en la misma conferencia profesional. Les pregunté a ambos cómo marchaba la posibilidad de impartir las conferencias. Ella me dijo que no había sucedido nada y que nadie había respondido a sus correos electrónicos ni sus llamadas telefónicas. Me sentí mal, ya que parecía que sus esfuerzos habían sido infructuosos. Mi otro amigo explicó: «No fue mi culpa. Yo contacté personalmente a la gente, así que lo que haya salido mal no fue por mí». Mi amiga conferencista pareció algo desalentada, pero no dijo nada. Me sentí mal por ella otra vez debido a lo que él dijo. Su respuesta mostraba que en realidad no se había preocupado por la desilusión de ella. Él dirigió su energía a evitar parecer el chico malo o que se percibiera que la culpa era suya.

Mi amigo y yo hablamos más tarde, y puesto que él es básicamente un buen sujeto, entendió cómo su comentario había afectado a la otra persona. Él no se había dado cuenta de cómo se había interpretado su expresión y se sintió mal al respecto. Así que le pidió disculpas por su torpeza. Yo había hecho lo mismo, de modo que entendí. Sin embargo, esta es la parte que importa al avanzar más allá de los límites: *Las personas con quienes está dispuesto a arriesgarse deben preocuparse por el impacto que ejercen en usted*. Deben interesarse por cómo lo afectan a usted, para bien o para mal.

La realidad del impacto relacional

Nos importamos unos a otros. Si una persona es significativa para usted, la forma en que ella se comporta, habla, valora, piensa y siente con respecto a usted ejercerá un impacto en su vida. Así es como Dios nos diseñó. Nos relacionamos los unos con los otros y determinamos una diferencia. Dios nos dice de muchas maneras que nos demos cuenta de cómo respondemos los unos a los otros. Mire los versículos que siguen y cómo nos enseñan primero cómo tratarnos mutuamente. Luego ellos nos indican el impacto que ejercemos basados en cómo nos tratamos.

- «Les suplico, hermanos, en el nombre de nuestro Señor Jesucristo, que todos vivan en armonía y que no haya divisiones entre ustedes, sino que se mantengan unidos en un mismo pensar y en un mismo propósito» (1 Corintios 1:10). En otras palabras, tenemos el poder de dividir nuestras relaciones personales, o de unirlas unas con otras.
- «Más bien, mientras dure ese "hoy", anímense unos a otros cada día, *para que ninguno de ustedes se endurezca*

por el engaño del pecado» (Hebreos 3:13, énfasis añadido). Ejercemos impacto los unos en los otros al punto de que nos estimulamos mutuamente. Sin eso, corremos el riesgo de endurecernos.

- «Por eso, confiésense unos a otros sus pecados, y oren unos por otros, *para que sean sanados*» (Santiago 5:16, énfasis añadido). Un versículo poderoso que ilustra que desempeñamos en realidad un papel en sanarnos unos a otros.
- «Sobre todo, ámense los unos a los otros profundamente, porque *el amor cubre multitud de pecados*» (1 Pedro 4:8, énfasis añadido). El amor de los unos hacia los otros nos ayuda a lidiar con los pecados que cometemos.

Podemos iniciar la división o acabarla; mostrarnos indulgentes con el pecado o resistirnos a él; endurecernos unos a otros o ablandarnos unos a otros; sanar o no; cubrir pecados o dejarlos tal como son. Nos importamos unos a otros.

La teoría y la investigación psicológicas respaldan también este principio. Cuando realizo entrevistas de diagnóstico con los nuevos clientes, la mayor parte de mi tiempo lo dedico a recabar información en cuanto a sus relaciones personales significativas, presentes y pasadas. Sé que si descubro un patrón de cómo las personas importantes se relacionan con ellos, entenderé mucho por qué sufren de la manera en que lo hacen.

Su vida, por cierto, atestigua esto. Si usted identificara los cinco impactos más intensos sobre su vida —las cosas que lo han convertido completamente en la persona que es hoy— la mayoría de ellos con toda probabilidad incluirán a las personas: sus padres y cómo se relacionaban con usted, un maestro o entrenador que lo inspiró, sus relaciones románticas durante el noviazgo o el matrimonio, una relación prolongada de negocios, o un mentor. Las personas significativas en nuestras vidas nos moldean e impactan profundamente.

Por qué necesita que las personas se interesen en el impacto que ejercen sobre usted

En la misma medida en que otros se interesen por el impacto que ejercen en su vida, usted podrá confiar en ellos. Y lo hará porque sabe que no se trata simplemente de usted cuidándose a sí mismo, sino de que ellos están cuidándolo también. Él quiere asegurarse de que la trata con atención y respeto. Ella dedica energía a pensar cómo sus palabras pudieran lastimarlo o estimularlo. Él se preocupa de cómo su ira pudiera asustarla; cómo su inmadurez tal vez lo desilusione; cómo su capacidad para escuchar pudiera darle esperanza y estímulo. Cuando usted confía en una persona, baja la guardia, se relaja y se muestra como es. No actúa con precaución. No se preocupa por tratar de leerle el pensamiento a la otra persona. No tiene que pensar de antemano en su próxima movida o preocuparse de que lo criticará debido a que le permite ver que cometió un error. Es simplemente usted mismo.

No quiero decir que debería exigir que la otra persona pueda leerle el pensamiento a fin de que nunca cometa un error con usted. Esto es imposible. No obstante, lo que sí quiero decir es que si alguien lo lástima y se lo hace saber, la persona *se preocupará más por el bienestar de usted que por su propia comodidad*. Querrá saber qué hizo, cómo eso lo afectó y de qué forma necesita cambiar. Incluso se sentirá protector con respecto a usted. Por ejemplo, estaba trabajando con Steve y Lisa para que aprendieran acerca de este tema de modo que pudieran conectarse a un nivel más profundo. Ella tenía la tendencia a criticarlo en público. No se mostraba cruel o áspera. Era más bien como si él siempre fuera el tonto en sus historias. Contaba como él abolló el automóvil, escogió la información errada en cuanto al vuelo, permitía que su hija lo manejara como una marioneta y cosas por el estilo. Él lo trajo a colación en la sesión. He aquí cómo transcurrió la conversación:

Steve: «A veces me aterra ir a una reunión contigo, porque sé que seré el bufón de uno de tu chistes».

Lisa: «Lo lamento, pero no es tan malo, y no tengo ninguna mala intención».

John: «Si yo oyera que me dijeras eso, al instante me cerraría emocionalmente».

Steve: «Sí. Eso es lo que he hecho».

Lisa: «¿Por qué? Yo simplemente estaba explicando…».

John: «Tú estabas explicando. Y tal vez tengas razón. Quizás él es exageradamente sensible, pero a estas alturas eso resulta irrelevante».

Lisa: «Pero yo no tenía ninguna intención de…».

John: «Lo sé. No estabas tratando de fastidiarlo, pero esto es lo que quiero que digas: "No sabía que eso te afectaba así. No quiero que tengas terror de acompañarme. Háblame más de lo que sucede. Deseo entenderlo"».

Lisa (a Steve): «¿Eso es cierto? ¿Es eso lo que quieres?».

Steve: «Sí».

John: «Cuando dices cosas como "no es tan malo" y "no tengo ninguna mala intención", parece que te preocupa que él entienda que eres una buena persona, más de lo que te interesa la forma en que lo afectas con tus chistes».

Lisa: «En verdad quiero que él se dé cuenta de que tengo buenos motivos».

John: «¿Más de lo que te preocupa cómo haces que él se sienta?».

Lisa (pausa): «No».

John: «¿Segura?».

Lisa: «Sí, estoy segura. Pero detesto pensar que él me malentienda mal y piense que soy una mala persona».

John (a Steve): «¿Por qué no respondes a la preocupación de Lisa?».

Steve: «Puede ser que te malentienda, y si eso sucede, déjamelo saber. Sin embargo, en realidad es mejor para mí cuando te preocupas por cómo me afectas. Y es peor cuando te interesa más manejar la imagen. Te quiero, y pienso que eres una gran persona».

John (a Lisa): «¿Qué tal si la situación se invirtiera? Por ejemplo, sé que no te gusta cuando él realmente se enfada y te grita a ti y a los hijos».

Lisa: «Pero eso es malo. Él no debería hacerlo de ninguna manera».

John: «Lo entiendo. No obstante, ¿recuerdas cuando concordé contigo sobre esto y él tuvo que oír cómo te asusta y entonces se sintió mal?».

Lisa: «Se echó a llorar».

John: «Él se echó a llorar, pues no tenía ni idea de lo que su cólera te estaba haciendo, y sintió mucho remordimiento por obligarte a ti y a los hijos a soportar esas pesadillas».

Lisa: «Lo comprendo. Lo lamento, cariño. Yo quiero estar ahí para ti como tú lo estás para mí».

Steve tenía razón. Estaba casado con una buena persona. Sin embargo, Lisa tenía que hacerle frente a un problema que muchos tenemos: valoramos más cómo se nos percibe que el impacto que ejercemos sobre otros. Ella captó el mensaje. Este no era un caso difícil. Si ella hubiera discutido conmigo e insistido en que era inocente, sin llegar nunca a preguntarse acerca del impacto que ejercía sobre Steve, me hubiera preocupado más. Pero ella llegó al sitio preciso.

¿Estaba Steve reaccionando de manera exagerada? En realidad, al llegar a conocerlo pude decir que probablemente fue así. Tendía a ser demasiado sensible a las bromas, y tuve que trabajar con él en cuanto a eso, puesto que no era culpa de ella y necesitaba mejorar en ese aspecto. Sin embargo, el punto es que usted necesita ser una persona que se preocupa por cómo afecta a otros y debe exigirle lo mismo a aquellos que le importan.

Para aclarar todo esto, a continuación le presento algunos ejemplos adicionales de respuestas cuidadosas o imprudentes que las personas dan en varias situaciones:

Situación: Un esposo gasta demasiado y su esposa le señala el problema.

Respuesta imprudente: Tengo el derecho de gastar todo el dinero que quiera. Yo puedo escoger y tienes que confiar en mí.

Respuesta cuidadosa: No sabía que los gastos te asustaban. Miremos el presupuesto e ideemos algo.

Situación: Un hijo adulto vive con sus padres y es tiempo de que consiga un trabajo y se mude.

Respuesta imprudente: ¡Déjenme en paz! ¡Ustedes no me apoyan en nada!

Respuesta cuidadosa: Aprecio la ayuda que me están dando. Pensemos en un par de cosas que pudieran funcionar.

Situación: Un esposa crónicamente llega tarde y su esposo lo trae a colación.

Respuesta imprudente: Siempre quieres controlarme hasta lo más mínimo.

Respuesta cuidadosa: Pienso que te resulta difícil cuando te digo que llegaré a casa a las 6:00 para cenar, y siempre llegó a las 6:45.

Situación: Un informe directo no está sintonizado con la cultura de la organización y el equipo está sufriendo por eso.

Respuesta imprudente: Estoy haciendo lo mejor que puedo. Ustedes no ven lo que hago por esta compañía.

Respuesta cuidadosa: Díganme lo que estoy haciendo; quiero arreglar esto.

Situación: Un esposo tiene una mamá criticona, y su esposa sufre lo peor de eso.

Respuesta imprudente: Simplemente sé amable con mamá y deja de quejarte.

Respuesta cuidadosa: Me lamento por no defenderte cuando mi mamá te critica.

Situación: Un amigo se toma largo tiempo para pagar un préstamo.

Respuesta imprudente: Pienso que ni siquiera te das cuenta de todo lo que hago por ti.

Respuesta cuidadosa: En realidad lo lamento. No he estado a la altura debida en esto. ¿Para cuándo lo necesitas?

Situación: La borrachera de un esposo le preocupa a la esposa.

Respuesta imprudente: Si no me faltaras al respeto, yo no tendría que embriagarme; es la forma en que puedo soportarlo.

Respuesta cuidadosa: Lamento asustarte cuando bebo. Nunca voy a volver a beber así, y si lo hago, dímelo y buscaré ayuda.

No se dé por vencido si recibe respuestas insensibles. Tal vez no sea una señal para buscar la puerta de salida. La persona con la que usted tiene interés en conectarse tal vez simplemente necesite algo de entrenamiento. Entonces entenderá que es importante para usted que sepa cómo lo afecta. Sin embargo, no dé ningún paso más hacia la vulnerabilidad mientras no hable sobre esto. Si hay algo de actitud defensiva o ignorancia y la luz enciende cuando usted habla al respecto, y la conducta de esa persona empieza a cambiar, entonces han pasado la prueba y es seguro proceder.

Espero que entienda que usted no está siendo egoísta o quejoso al querer esto. Desear, y en última instancia exigir, que alguien se preocupe en cuanto al impacto que ejerce sobre usted no es cuestión de egoísmo o de que «todo se trata de mí». Es su responsabilidad y evidencia una buena administración de sí mismo. Usted tiene solo un corazón, y ese corazón representa su esencia. Si repetidas veces lo somete al maltrato, constantemente tiene que protegerse a sí mismo, o se da cuenta de que es el único en la relación que se preocupa por su persona, no está cuidando bien su corazón.

La Biblia dice con claridad lo importante que es esto: «Por sobre todas las cosas cuida tu corazón, porque de él mana la vida» (Proverbios 4:23). En una relación personal íntima, necesita cuidar su corazón y desear que el otro también lo cuide. Usted no va a enviar a sus hijos a una escuela donde el maestro no se responsabiliza por ellos. Tampoco va a confiarles sus inversiones a un asesor financiero que repetidas veces las maneja mal. Haga de cuidar su corazón —y esperar que otros también lo cuiden— una parte de lo que quiere y espera en una conexión significativa.

¿Es suficiente el cambio en la conducta?

Algunos piensan que es irrazonable esperar de otros más que un cambio en la conducta. No quieren ser exigentes o perfeccionistas, así que se conforman con modificaciones externas en lugar de cambios internos en el otro. Por ejemplo, ¿es suficiente con que el borracho, aunque no muestre preocupación, reduzca la embriaguez sin asistir a un programa de doce pasos? El individuo emocionalmente desconectado no dice nada al respecto, pero apaga el televisor y habla más. La persona absorta en sí misma no reconoce la dinámica, sino que trata de escuchar su punto de vista. ¿Deberían bastar cambios de conducta como estos?

No quiero desanimarle, pero no. Cuando la persona cambia la conducta, pero usted no ve evidencia de que el cambio se deba a una comprensión de corazón de cómo tal persona lo impacta a usted, lo más probable es que esté viendo solo conformidad. No se evidencia ninguna transformación. La persona demuestra conformidad porque la han pillado y no quiere que lo vuelvan a atrapar, pero esto no desarrolla la confianza.

Cuando dejo la mitad de un sándwich demasiado cerca del borde de la mesa de la cocina y me voy a otra habitación, es un noventa y cinco por ciento seguro que una de mis perras extenderá con rapidez sus patas delanteras hacia la mesa y agarrará el sándwich. Asumo la responsabilidad por no hacer un mejor trabajo en el departamento de entrenamiento canino en cuanto a los modales en la mesa, y les aseguro que estoy trabajando en eso con ellas. Entonces, cuando encuentro a la ladrona de sándwiches ofensora, la regaño. Debido a que no le gusta el tono de mi voz, es posible que baje la cabeza en lo que parece ser una muestra de contrición, pero no se ha transformado. No tiene noción de cómo hace que yo me sienta la pérdida de un sándwich. Ella se conforma con mi respuesta porque no le gustan las consecuencias, que es casi todo lo que una perra puede hacer.

Usted y los demás seres humanos que forman parte de su vida son capaces de mucho más. Si una preocupación primaria en sus relaciones es dar una respuesta auténtica a la cuestión de cómo se impactan mutuamente, tendrá una vida bastante buena. Note que no quiero decir respuesta en el sentido de una codependencia exageradamente responsable: «¿Estoy haciendo feliz a todos? La felicidad de todos es mi responsabilidad, y cuando alguien se siente desdichado es mi culpa». Eso no es lo que nos proponemos. Existe una gran diferencia entre preocuparse por cómo usted impacta a alguien y asumir la plena responsabilidad de los sentimientos del otro y su felicidad en la vida. Usted es una influencia, y los que forman parte de su vida lo influyen a usted. La influencia no connota propiedad.

Nos importamos unos a otros. Determinamos una diferencia mutua en nuestras vidas. Los que se preocupan por el impacto que ejercen sobre otros, para bien o para mal, están siguiendo la regla de oro: «Así que en todo traten ustedes a los demás tal y como quieren que ellos los traten a ustedes. De hecho, esto es la ley y los profetas» (Mateo 7:12). Considere cómo afecta a otros y cómo ellos lo afectan a usted. Esto lo ayudará a determinar si una relación personal tiene buen futuro para la vulnerabilidad y avanzar más allá de los límites.

14

¿Está esta persona (realmente) conectada con gente buena?

Recientemente hablé en un taller para padres de escolares. Nuestro hijo Ricky asiste a la universidad en la misma ciudad donde yo iba a departir, así que le pedí que se dirigiera al grupo por unos pocos minutos. Deseaba que les diera la perspectiva del hijo de ellos de allí a diez años en el futuro. Durante sus comentarios, Ricky mencionó el importante papel que los entrenadores atléticos jugaron en su propio desarrollo durante su niñez. «Los entrenadores siempre me gritaban lo mismo que mis padres decían», señaló. No estaba tratando de recabar simpatía. Su punto era que los valores y conductas que se esperaba de él en casa eran reforzados por otras fuentes. En otras palabras, recibió mensajes integrales y coherentes en cuanto a lo que se esperaba de él.

La experiencia de la niñez de Ricky en cuanto a los mensajes coherentes evidencia una pieza crítica de lo que hace a una persona alguien con quien está bien correr un riesgo relacional. Es seguro correr un riesgo con aquellos que están *conectados (realmente conectados) con unas cuantas personas buenas.* No precisan tener amigos perfectos en su vida, pero sí deben estar conectados con gente que es buena para ellos y está ayudándolos a llegar a ser mejores personas; la clase de individuos que a su vez le ayudarán a usted a llegar a ser una mejor persona también.

Las personas pasan tiempo juntas por una razón. Quieren «caerle bien» a otros de modo casual, pero no se quedan con ellos por una razón aleatoria. Y se puede saber mucho —tanto buenas noticias como malas— sobre las personas por los amigos que tienen: «Las malas compañías corrompen las buenas costumbres» (1 Corintios 15:33). Por inferencia, lo inverso también es verdad: las buenas compañías ayudan a cultivar el buen carácter. Usted quiere que la persona con la que intima esté rodeada de gente que pone en práctica la instrucción bíblica de «estimularnos al amor y a las buenas obras» (Hebreos 10:24).

Anteriormente ya recalqué la importancia de estar con las personas correctas y cómo la mayoría de los aspectos significativos de la vida tienen que ver con la relación personal. Así que no es nada nuevo considerar la significación de esto cuando se trata de determinar si vale la pena correr riesgos para avanzar más hondo en la intimidad con alguien. Piense en lo difícil que fue la vida cuando usted no tuvo las personas correctas a su alrededor: lo débil que era, lo distorsionado que estaba su pensamiento, y cuán incapaz se sentía de tomar las decisiones que tenía que tomar.

Por ejemplo, Paul, un amigo mío, atravesó un tiempo difícil cuando andaba en sus veintitantos. Él se mudó a una nueva ciudad debido al trabajo. Allí no tenía a su alrededor su antiguo sistema de respaldo y no se conectó con unas cuantas buenas personas en su nuevo lugar. Así que acabó excediéndose en sus juergas, desarrollando un problema de embriaguez, y en realidad comprometiéndose de buenas a primeras con la mujer equivocada. Le llevó largo tiempo y un montón de sufrimiento llevar su vida de regreso a su rumbo. Simplemente no tenía a las personas correctas a su alrededor para que le dieran la estabilidad que necesitaba.

De la misma manera, si la persona con quien está

preparándose para correr riesgos no tiene relaciones personales fortificantes y saludables, usted está poniéndose a sí mismo en desventaja. Está bebiendo de un pozo que tal vez no tenga mucho que ofrecer.

Por qué necesita personas conectadas a gente buena

Hay dos razones sobresalientes por las que cualquier persona con la que usted pudiera querer avanzar más allá de los límites necesita estar conectada con un grupo de gente buena: la otra persona necesita una fuente de respaldo, así como también una fuente de verdad, que no dependa de usted.

Una buena manera de entender esto es considerando la idea de los sistemas abiertos y cerrados. Un sistema cerrado es una organización (o una persona) que no recibe nada del mundo externo. Depende por completo de sí misma. Un sistema abierto interactúa con otras organizaciones y personas, recibiendo energía, respaldo y recursos de afuera. De esa manera, las personas con las que usted se relaciona necesitan ser sistemas abiertos, recibiendo cosas buenas de otras personas aparte de usted mismo.

La otra persona necesita una fuente de respaldo que no dependa de usted

En cualquier relación personal saludable, las personas se tratan con gracia y se respaldan unas a otras. Se interesan mutuamente, se atraen unas a otras, son seguras y proveen empatía. Usted sale de un encuentro con la otra persona sintiéndose más vivo, refrescado, amado y listo para acometer los retos de la vida. La manera de asegurar que este proceso funcione bien es que ambos tengan fuentes de respaldo aparte de ustedes dos. De este modo, si uno de ustedes ocasionalmente tiene el tanque vacío, hay lugares a donde la otra persona puede ir. Si tienen un desacuerdo y se sienten perturbados, tienen otras personas para ayudarlos a dar el siguiente paso.

Por ejemplo, cuando Barbi y yo estábamos saliendo, pasamos mucho tiempo con los amigos de ella y los míos. Vivíamos en ciudades diferentes y no procedíamos de los mismos círculos de relaciones personales, así que salíamos con otras parejas ya fuera de sus amigos o los míos. Descubrimos que nos gustaban mucho los amigos íntimos del otro. Este fue un factor principal en nuestra decisión de avanzar en la relación personal. Sabía que ella tenía individuos llenos de gracia a su alrededor y con quienes era vulnerable. Yo disfrutaba de lo mismo. Nos encontrábamos rodeados de gente que estaba de nuestro lado y se mostraban dispuestos a conocernos a un nivel profundo.

Evite la dependencia insalubre. Cuando esas relaciones no están en su lugar, usted corre el riesgo de establecer una relación dependiente e insalubre con la persona. La dependencia en sí misma es normal y algo que Dios se propuso para nosotros. Necesitamos amarnos e interesarnos el uno por el otro tanto como necesitamos el amor y el cuidado de Dios. Sin embargo, la dependencia insalubre tiene lugar cuando la conexión de la persona aumenta y decae en correspondencia con cuánto y cuán bien usted provee para sus necesidades relacionales. Es similar a la relación personal entre padres e hijos. Un niño tiene amigos en los que depende para compañerismo y respaldo, pero tiene una dependencia enfocada e intensa con sus padres. Ellos son su sistema de sostenimiento en la vida.

Mi amiga Shandra tiene un hijo adulto con quien la relación personal ha sido difícil por largo tiempo. En su adolescencia él se enredó con la gente errada y desarrolló problemas de alcoholismo y drogas. Ahora es un joven adulto y todavía lucha con sus adicciones. Como sucede a menudo, ocasionalmente se endereza por unos pocos meses y afirma que se ha comprometido a recibir ayuda y a sanar. Sin embrago, inevitablemente pasa su tiempo con la gente errada y acaba en problemas de nuevo.

Puede imaginarse cómo ha impactado esto en Shandra

con el correr de los años. Ella ha sufrido el dolor de sus rechazos, sufre por su condición, y se siente culpable por el papel que su propia debilidad y fracasos han jugado en la condición de él. No obstante, a estas alturas ella tiene un problema diferente. Le gustaría tener una amistad de adulto a adulto con su hijo. Ella no quiere hacer el papel de madre o tener que cuidarlo, simplemente desea estar más cerca de él. Así es como Dios nos diseñó para que nos relacionemos; esto es parte del proceso de dejar y apegarse. Cuando los hijos crecen y llegan a ser adultos, ellos y sus padres entran más en una amistad mutua, mientras que todavía mantienen el respeto y el honor debido a un padre.

Sin embargo, Shandra no puede hacer eso. Cada vez que trata de establecer una amistad mutua, en dos sentidos, las cosas marchan bien por un rato, pero luego se destrozan de nuevo. Por ejemplo, se reúnen para cenar y ella corre el riesgo de contarle algo de su vida. Su hijo la escucha, conversa, y en realidad está allí para ella. Pero tarde o temprano él vuelve a sus viejas relaciones personales y su vida de nuevo cae en una espiral descendente, relacionándose con su madre de maneras tóxicas: es combativo, provoca peleas, o la acusa de querer controlarlo. O, en el otro extremo del espectro, puede volverse dependiente y quiere que ella le resuelva sus problemas. Shandra quiere avanzar con él más allá de los límites, pero este no es el momento correcto.

Cuando me pidió consejo, le dije: «Yo no volvería a intentar esto con él mientras no haya pasado un tiempo significativo y estructurado tanto en ambientes sanos como con buenos amigos, como mínimo por un año». Esto le pareció un largo tiempo a ella, pero ha aceptado mi recomendación.

Hasta el momento, él no ha podido mantenerse en contacto con un asesor, un grupo de respaldo o amigos saludables por más de tres meses, de modo que el reloj empieza de nuevo después de cada recaída. Con todo, esto es lo mejor que Shandra puede hacer por sí misma y su hijo mientras él no esté dispuesto a dejar que las personas correctas formen parte de su vida. Shandra está comprometida a ser lo más saludable que puede para su hijo.

Su esperanza y el plan es que, una vez que él se haya conectado a un nivel más profundo y de forma más regular con los que pueden ayudarle, las dependencias en sus relaciones personales se resolverán. Cuando eso suceda, él estará libre para relacionarse con ella a un nivel más maduro y mutuo. Es una situación en que todos pierden estar con un hijo adulto que todavía está atravesando sus luchas de dependencia e independencia, y la utiliza a usted como blanco.

En un inicio, resulta emocionante y tal vez algo lisonjero que alguien le diga que usted es todo lo que necesita para salir adelante. Incluso tal vez usted tenga que hacerle frente a su propia codependencia, su «necesidad de sentirse necesitado». No obstante, a la larga, si en verdad es todo lo que esta persona necesita para avanzar, puede acabar teniendo un caos en sus manos… el cual puede abarcar desde un agotamiento de sentimientos y un desempeño como pseudopadre, hasta en casos extremos problemas de acecho. Simplemente, usted no desea este tipo de dinámica.

No dé por sentado que la asistencia a la iglesia califica. A veces los cristianos presuponen que si la persona asiste a la iglesia, pueden relajarse y dar por sentado que ahora está viviendo en comunidad y conectada con gente buena. Sin embargo, miremos más de cerca esa presuposición.

Para los cristianos, la iglesia es algo que se da por sentado. La iglesia es donde los cristianos se conectan con Dios y los unos con los otros. Resulta necesaria y vital. Desdichadamente, no podemos dar por sentado que todo el que está en una iglesia es relacionalmente seguro y saludable, así como tampoco podemos dar por sentado que todo el que no va a la iglesia es relacionalmente peligroso y malsano. Ambos categorías tienen las dos clases de personas. Por eso fue que Henry Cloud y yo escribimos *Personas seguras*, a fin de ayudar la gente a ver que el buen carácter es cuestión de mucho más que meramente tener fe en Dios[8].

La única manera de saberlo con certeza es pasando tiempo con las personas de la iglesia con las que su amigo se está relacionando. Además de vivir de acuerdo a la Biblia, ¿son también personas reales y auténticas? ¿O están desconectadas y desapegadas de la vida real, atascadas en una fe estricta o intelectualizada? ¿Pueden conectarse a un nivel profundo? ¿Ofrecen y reciben gracia? ¿Parecen ser individuos que pueden llenar el tanque de combustible de su amigo cuando usted no pueda hacerlo? Queremos estar con aquellos que ponen en práctica la Biblia entera, no simplemente lo abstracto. Los cristianos pueden estar llenos de gozo y paz, y también ser vulnerables y auténticos al mismo tiempo.

Aproveche el sistema abierto que provee gracia y respaldo relacional a las personas que forman parte de su propia vida. Usted recibirá más gracia de esas personas a su vez. Sin embargo, hay otro aspecto también, y tiene que ver con la verdad.

La otra persona necesita una fuente de verdad que no dependa de usted

Es vital que la persona con quien está considerando tener una relación no solo reciba gracia y respaldo de otros, sino también una dosis saludable de realidad y verdad. Esta es la parte del «entrenador gritón» de que hablaba mi hijo Ricky. Usted sabe que esto está sucediendo cuando la persona le expone su vida a gente que la aman lo suficiente para decirle la verdad. Si voluntariamente pasa tiempo con individuos que le dan una opinión honesta y quieren que crezca, eso es una buena indicación de que es capaz de ser una influencia saludable para usted.

Una amiga mía de negocios llamada Olivia está casada con un hombre que tiende a ver las cosas como yo... más que de la manera en que ella las ve. Es posible que estemos trabajando juntos en un proyecto y yo le haga un comentario como: «Pienso que estás pasando por alto la cuestión del costo debido a tu entusiasmo por el potencial de este proyecto. Quisiera que fueras algo más frugal a la hora de trazar el plan de negocios». Entonces ella podría quedarse mirándome y decir: «¿Mi esposo y tú han estado conversando? Él me dice lo mismo». No puedo decirle cuánto me alegro de que el esposo de Olivia también cuide los centavos y le dé a ella otra fuente de verdad con respecto a sus puntos ciegos cuando se trata de dinero. Esto la ayuda a ella tanto como a mí.

Piense en la persona con quien está interesado en intimar. ¿Quiere usted ser el único en su vida que le diga la verdad? ¿No piensa que acabaría frustrado y hasta cierto punto solo? A usted le irá mucho mejor cuando el individuo está escuchando un coro de personas que le dicen la verdad. Mientras más gente buena haya dando su opinión —en las vidas de los dos— mejor les irá a todos.

He aquí otro aspecto que hay que considerar. Si usted es la única voz clamando en el desierto, con toda probabilidad encontrará negación. Es decir, la otra persona descarta a menudo más fácilmente las palabras de alguien que le está diciendo una verdad dolorosa o confrontándola. Aun cuando usted tenga los hechos, la evidencia, la lógica, la sabiduría y el respaldo bíblico de su lado, la persona a menudo hallará maneras de descartar lo que le dice.

Esta dinámica tiene sus raíces en el desarrollo durante la infancia. Los hijos están diseñados para dejar a sus padres cuando maduran. Parte del proceso de crecimiento que los prepara para esa separación es cuestionar los puntos de vista, opiniones y reglas de sus padres. En última instancia, el hijo usa esos cuestionamientos para formar sus propias creencias y valores y establecer una vida adulta.

Sin embargo, este proceso de desarrollo a veces puede salir mal. Al hijo tal vez se le critique ásperamente por cuestionar. O sus padres tal vez repetidas veces cedan ante sus cuestionamientos, permitiéndole que gane batallas que debería perder. Como resultado, no desarrolla la destreza para aceptar opiniones. De cualquier manera, se muestra renuente a ser confrontado por cualquier persona e interpreta cualquier verdad que se le diga cómo falta de amor o exceso de control. Así que gravita hacia amigos amables, cariñosos, que lo respaldan y no gustan de decir verdades duras. Literalmente, vive en un estado de desarrollo suspendido y pasa su vida de esa manera.

Ahora bien, suponga que usted se enamora y se casa con una mujer que ha recibido este tipo de crianza. En el curso de la relación, nota un asunto que le molesta. Usted dice: «A veces me dejas por los suelos cuando me olvido de traer la leche. Sé que me olvido de las cosas, ¿pero no pudieras ser un poco más amable cuando cometo estas pequeñas equivocaciones?». Y en lugar de decir: «Lo lamento, en realidad hago un gran alboroto por eso; voy a tratar de controlarme», lo cual resolvería el problema, ella señala: «Nadie jamás me ha dicho eso. Estás reaccionando exageradamente y tratando de criticarme». Y usted piensa para sus adentros: «¿Qué sucedió?».

Lo que acaba de suceder es que su interacción disparó el antiguo problema de los padres. Usted la confrontó y ella interpretó el cuestionamiento como el de un padre que quiere cambiarla o controlarla. Así que ha sido negado. Cuando esto ocurre en un matrimonio, el asesoramiento de la pareja puede ser útil a fin de ayudar a ambos a reconocer lo que en realidad está ocurriendo.

Una vez trabajé con Sam y Janice, una pareja que batallaba para comunicarse. Sam tenía la costumbre de tomar cualquier cosa que su esposa decía sobre su propia vida y convertirlo en parte de su experiencia personal. Por ejemplo, en lugar de decir: «Yo no sabía que venir tan tarde de mi trabajo te hacía sentir como si no te quisiera», él señalaba: «Me parece que nunca seré lo suficiente bueno para ti». Entonces Janice podría contestarle: «Eso no es así, simplemente deseo que me oigas. Tú continuamente tomas lo que digo sobre cómo me siento y lo conviertes en una declaración de cómo yo hago que *tú* te sientas». A lo que él respondería: «No, no es así. Ahí estás de nuevo rebajándome».

Cuando lo vi con mis propios ojos hacer esto varias veces, le dije: «Sam, tienes la tendencia a tomar las experiencias de Janice y convertirlas en tus propias experiencias personales». Y le di un par de ejemplos. «Sabes, nunca pensé en eso de esa manera», dijo. «Es cierto, eso es lo que hago». Janice casi salta del sofá: «¿Qué? ¡Yo te he dicho eso un millón de veces!».

Sam quedó genuinamente confuso y pensaba que nunca había oído esa opinión antes. Nos llevó un tiempo, pero Janice al fin pudo ver la negación como algo que Sam acostumbraba a hacer y que tenía más que ver con él que con ella. A la larga, Janice pudo reírse al respecto, aunque la parte de reírse le llevó mucho más tiempo.

Esta experiencia ilustra lo importante que resulta que su persona potencialmente importante esté cimentada en relaciones personales sinceras y llenas de amor. Otros individuos pueden ser sus «entrenadores gritones», gente cuya opinión honesta refuerza sus comentarios y reduce el riesgo de que usted sea negado. Dentro de ese contexto relacional más amplio, la otra persona no se relaciona con usted como si fuera un padre al que debe rechazar, sino como alguien por el que se interesa y a quien quiere responder. Por eso es que todos necesitamos varias personas en nuestra vida que sean francas con nosotros y con frecuencia nos digan «la verdad con amor» (Efesios 4:15).

El sistema abierto resulta importante. Asegúrese de que cualquier persona que sea significativa para usted está conectada a fuentes regulares y saludables de gracia y verdad. Esfuércese por conocer a estos otros individuos. Descubra lo que la persona está aprendiendo y experimentando con ellos. De esta forma está fomentando un medioambiente para el crecimiento relacional tanto para usted como para ella.

Hay maneras de discernir lo que usted necesita ver en la otra persona. Esto es lo que consideraremos en la próxima sección.

Cinco indicaciones de que la otra persona (realmente) está conectada con gente buena

Si la persona tiene excelentes relaciones personales aparte de usted, habrá evidencia de esto en su vida. Recuerde que la salud atrae salud, de modo que existirán indicaciones observables de que tal cosa está teniendo lugar. Estas son algunas señales para ayudarle a discernir cuán conectada está persona a relaciones del tipo correcto. Hay cinco indicadores que no siempre son evidentes enseguida, pero lo serán con el paso del tiempo.

Usted tiene los mismos valores saludables que ellos

Conforme llega a conocer a la «gente buena» en la red de relaciones de la otra persona, percibe que, a grandes rasgos, usted tiene los mismos valores. Al igual que usted, valoran a Dios, la relación personal, la honradez, la responsabilidad y la autenticidad. Esto no es una lista de verificación; los otros tal vez ni siquiera usen esas palabras ni hayan dedicado mucho tiempo a considerar cuáles son sus valores. No obstante, estos valores emergen en sus conversaciones y en la forma en que se relacionan entre ellos y con usted. No tiene que esperar que sean perfectos, pero necesita saber que son básicamente personas buenas cuyas vidas y relaciones dan evidencia de que se preocupan por las cosas correctas.

Permita algo de flexibilidad aquí. Su potencial relación personal y los amigos de esa persona tal vez no tengan su mismo trasfondo ni sean intencionales en cuanto a cuestiones relacionales y de crecimiento. Por ejemplo, si usted habla de su grupo pequeño, tal vez ellos ni siquiera sepan de qué está hablando. ¡Por supuesto, a lo mejor ni siquiera usted mismo sabe lo que ese término significa! En realidad, esto es algo que refuerza mi punto. Las personas pueden tener buenos valores, pero diferentes contextos y oportunidades, así que no los descarte si no han estado en los mismos clubes a los que usted pertenece, por así decirlo.

Suponga, por ejemplo, que los mejores amigos de su relación personal potencial jamás han leído un libro de crecimiento personal ni han asistido a un seminario de relaciones personales (de nuevo, a lo mejor usted tampoco, pero piense en esto por razón de la argumentación). Sin embargo, al conversar con ellos usted trae a colación algo con lo cual está luchando, tal como un problema con sus padres o un conflicto en su trabajo. Si ellos se acercan a usted y son comprensivos y lo respaldan, eso muestra un valor. Si cambian el tema o no le prestan atención el asunto, eso no es una buena señal. Con todo, no sea rígido en cuanto a esto. No los descarte después de una noche con una declaración tal como: *Fuimos a cenar y todo lo que querían hablar era de deportes*. Déles a las personas una oportunidad para que sus valores se muestren. Sea usted mismo y vea cómo se relaciona con ellos y cómo ellos se relacionan con usted.

Usted gusta de ellos

A usted le gusta estar con los amigos de su persona potencial. Puede verse a sí mismo pasando tiempo con ellos, y esto es un pensamiento agradable. No tiene que obligarse a fin de disfrutar al estar con ellos, lo cual nunca resultaría de todas maneras. Mientras más saludable es una relación personal, más probable es que los amigos de todos se gustarán unos a otros. Esto no necesariamente quiere decir que tendrán intereses o personalidades comunes. Es algo que tiene que ver mucho más con el carácter.

Mientras más saludable sea usted, más atraído se verá a otras personas saludables. Si tiene un conjunto de amigos que no se lleva bien para nada con otro conjunto de amigos, eso posiblemente refleje algunos conflictos en usted. Por ejemplo, suponga que tiene un lado impulsivo y alocado, pero también una parte estricta y culpable. Las dos partes no están muy integradas, de modo que tal vez se halle perdiendo los estribos, pero luego oscilando al extremo de juzgarse a sí mismo y ser compulsivo. Tal vez tenga amigos que se relacionan con uno de estos talantes, pero no con el otro. Tal vez ellos no se lleven bien porque reflejan su propio conflicto interno.

Eso también se aplica a la persona en quien usted está interesado. Por ejemplo, sus amigos pueden ser más conservadores en el estilo de vida, en tanto que los de la otra persona pueden ser algo más casuales. Sin embargo, ¿gusta usted de ellos? Las personas que pueden sentirse confortables solo con los que son similares a ellas con más probabilidad experimentan un conflicto psicológico. No tienen gracia suficiente en su interior para apreciar las diferencias, así que se sienten más seguros con los que se les parecen. Si encuentra difícil que le gusten los amigos de la otra persona, primero asegúrese de que usted no es el problema.

Usted ve la vulnerabilidad de ellos en sus relaciones personales

Su persona potencial no solo pasa tiempo con gente buena en su vida, sino que también es real con estos individuos. Ellos conocen sus sueños, su pasado y sus luchas, pues la persona les permite ver su corazón. He colocado en el título de este capítulo la palabra «realmente» porque hay amistades superficiales y también hay relaciones personales en verdad profundas y vulnerables. Resulta muy probable que la persona que está considerando, ya sea para el amor, la amistad, la reconciliación o los negocios, no esté viviendo como un ermitaño en una choza en medio de la espesura. Con seguridad se encuentra rodeada de gente y tiene una vida social. Usted tal vez conozca a esos individuos y se sienta cómodo, puesto que se trata de gente buena. Sin embargo, eso no quiere decir que la persona en que está interesado en verdad está conectada con ellos. Muchos pueden deslizarse por la vida siendo desconocidos por completo o en su mayor parte. Sucede todo el tiempo.

Es una cuestión lo suficiente sencilla hablarle a la otra persona de sus relaciones personales o estar presente cuando comparte con sus amistades. Aunque no los conozca, si la persona es vulnerable con ellos, tendrá algo que decir con respecto a cuánto la afectan. Por ejemplo: «Fui de compras con Elaine» es algo que está bien, pero no dice gran cosa. Sin embargo, el comentario: «Mientras andaba de compras con Elaine, hablamos de algunos de nuestros fracasos y cómo pudiéramos ayudarnos y respaldarnos la una a la otra», ofrece una imagen mucho mejor.

Usted los ve relacionarse por separado

Suponga que gusta de estos individuos y piensa que son un buen indicador de que la persona en quien está interesado es, o está convirtiéndose en, alguien saludable. ¿Pasa la persona tiempo con estos individuos porque sabe que eso es importante para usted, o porque es importante para ella? Este es a menudo el caso cuando, por ejemplo en el noviazgo o un matrimonio en problemas, la persona que está avanzando más allá de los límites (usted) nota que la otra no tiene realmente conexiones saludables. Así que usted sugiere algunas: una buena iglesia, un terapeuta, un grupo pequeño, algunos de sus amigos; y la otra persona empieza a conectarse con gente buena.

Asegúrese de que su potencial relación «se contagie del virus» de estar con gente buena. ¿Pasa tiempo esa persona con estos individuos, aun cuando no lo incluyan a usted? ¿Puede asegurar que está beneficiándose de esas relaciones personales, o solo le da informes del tiempo que pasa con ellos como un escolar le mostraría una libreta de calificaciones a un padre? Usted lo descubrirá con el tiempo, porque la persona necesitará que se le recuerde pasar tiempo con ellos o no. Y usted podrá ver si esta gente buena le importa o no a la persona.

Usted ve buen fruto en ellos

La persona en quien está interesado debe convertirse en un mejor ser humano mediante sus relaciones con otros. Y con mejor quiero decir mejor... no simplemente igual ni peor. Me encontraba asesorando a una mujer llamada Ellie cuyo esposo, Connor, era muy pasivo y estaba desconectado de ella. No se trataba de un hombre controlador; de hecho, era exactamente lo opuesto. Quería que ella estuviera a cargo de todo: que tomara la iniciativa para conversar, preparara el calendario social, e hiciera las decisiones financieras. Ella se sentía sola en el matrimonio, porque tenía que estar a cargo de todo. Sin embargo, cuando se hacía cargo de las cosas, a él no le gustaba y decía que su esposa estaba siendo controladora. Ella no podía ganar.

Ellie le fijó algunos límites a Connor, no con el propósito de dejarlo, sino para protegerse a sí misma. Por ejemplo, pasaría tiempo con sus amigas y en actividades que no incluirían a su esposo, ya que él simplemente quería ver televisión todas las noches sin hablar. Fue una situación triste. Por sugerencia mía, Ellie también le pidió que se uniera a un grupo de hombres, donde otros individuos podrían respaldarlo y animarlo a avanzar más allá de su papel pasivo. Entonces, si las cosas marchaban bien, ella dejaría sus límites y reanudaría la relación personal.

Connor halló a un grupo de hombres para tener respaldo y asistió a sus reuniones por varios meses, pero todo resultó un fracaso. En lugar de asumir su papel y demostrar más iniciativa, se volvió más resentido con ella y se retrajo más. No estoy exactamente seguro de cómo sucedió, pero pienso que en realidad no les mostró a los otros hombres quién era él en su interior y más bien pasó la mayor parte de su tiempo pidiéndole al grupo que lo ayudara a tolerar el dolor de vivir con una esposa controladora. Y en lo que se refiera al grupo de hombres, lo que creo es que ellos eran simplemente un montón de chicos buenos que creyeron todo lo que él les dijo y no verificaron las realidades.

Debido a que el fruto de las relaciones de Connor con el grupo no fue bueno, le recomendé a Ellie que continuara manteniendo alguna distancia de él. ¡Entonces se resintió contra mí! Finalmente, encontró a otro grupo que lo amó, lo aceptó, y también le dijo la verdad en cuanto a su pasividad y su efecto sobre su esposa. Las cosas comenzaron a marchar y el resultado mejoró. Con el tiempo, Ellie pudo avanzar a una relación más estrecha y vulnerable con Connor. Así es como se supone que debe suceder cuando realmente nos conectamos con gente buena; crecemos y nos convertimos nosotros mismos en mejores personas.

Permítame describirle el escenario ideal. Usted tiene un sistema fuerte de respaldo. Puede ser informal, formal o ambas cosas. Es decir, usted tiene unos cuantos amigos grandiosos con quienes vive la vida, que lo aman, lo aceptan y lo ayudan a ser mejor persona. O tal vez se reúna regularmente con un grupo pequeño vital que tiene un propósito claro y estructura a fin de aprender y conversar. O tal vez tenga ambas cosas.

Estos sistemas de respaldo son su combustible, lo que lo mantiene avanzando por el sendero de la salud y el éxito relacional. Y la persona con quien usted está empezando o continuando una relación disfruta de lo mismo, pero con diferentes jugadores. Puede confiar en que esa persona tiene otros lugares adonde acudir buscando respaldo y a fin de recibir buenos comentarios, tal como puede confiar en que usted los tiene. Este es el escenario al que hay que apuntar. Sus posibilidades de éxito y el desarrollo de la intimidad que busca serán mucho mayores cuando usted está (realmente) conectado con gente buena.

15

¿Puede esta persona manejar una relación con usted?

Si espera establecer una relación con alguien que incluya riesgos y vulnerabilidad, querrá asegurarse de que la persona puede manejar quién es usted. Es decir, cualquier conexión personal es fácil de llevar cuando usted muestra lo mejor de sí, tal como aportar sus puntos fuertes y dones relacionales a la relación. Además, esta persona constituye alguien a quien no es difícil amar. Sin embargo, la vulnerabilidad requiere sacar a la luz partes de uno mismo que a veces no son «agradables»: debilidades, necesidades, fracasos y defectos. Resulta esencial que la persona también pueda relacionarse e interesarse en esos aspectos suyos, puesto que son una parte esencial de usted.

No estará a la cabeza del juego todos los días, de modo que necesita ser capaz no solo de reconocer sus propias debilidades, sino también de recibir una respuesta provechosa. Esto tal vez quiera decir que la persona no espera más de usted que lo que es capaz de rendir cuando está bajo estrés. O tal vez pueda significar que la persona sabe cuáles son sus disparadores y qué tipo de cosas le duelen o lo desalientan. Tal como un puente necesita ser lo suficiente fuerte para soportar el peso de los vehículos que lo cruzan, cualquier persona con la que se comprometa debe ser capaz de soportar también su «peso». Solo debido a que usted tiene debilidades y fracasos eso no quiere decir que es la peor, más oscura y más disfuncional persona del mundo. Lo que sí quiere decir es que está viviendo en una crisis ahora mismo. Simplemente significa que usted, y toda otra persona que existe en el planeta, tiene peso, y que todos necesitamos ayuda con ese peso.

Usted necesita necesitar

Usted tiene necesidades, pero no puede suplirlas todas por cuenta propia. Necesita de alguien que escuche, dé de maneras prácticas, lo aconseje y lo ayude con sus decisiones. Esta es la vida normal. A fin de que sus necesidades sean suplidas, alguien tendrá que invertir tiempo y energía en usted. Ser vulnerable con alguien coloca una demanda sobre esa persona. Ella tiene que sacar tiempo de su calendario atareado, poner su propia agenda a un lado, y momentáneamente desentenderse de sus propias experiencias y sentimientos a fin de ser un amigo para usted. Este es el peso de la relación personal. Usted soporta el peso de aquellos que le importan y ellos soportan el suyo, de buen grado y alegremente.

Ayuda tener presente esto: ¡Usted puede ser un agobio! Eso no quiere decir que sea una persona demandante que le chupa la vida al mundo, lo que es un temor común de los que compulsivamente ayudan a otros y se olvidan de sí mismos. Solo significa que usted legítimamente requiere ciertas cantidades de gracia y atención de otros. Muchos se sienten más inclinados de forma natural al papel de dar que de tomar. Y es cierto que ser un dador resulta grandioso: «Hay más dicha en dar que en recibir» (Hechos 20:35). Sin embargo, no podemos dar lo que no hemos recibido en un inicio. Así es como Dios gobierna el universo. Usted recibe amor, gracia y verdad, y luego los trasmite a otros.

Cualquier persona con la que está considerando abrirse debe tener presente que usted le va a costar algo. Usted tal vez tenga grandes puntos fuertes, recursos y un pozo profundo de compasión. Estas son cosas buenas. No obstante, en algún punto u otro va a desalentarse, quedar vacío, solo, enojado, frustrado, quisquilloso y dependiente. Va a exigir algún cuidado, y tal vez incluso no sea fácil de amar. Cualquiera en quien usted invierta debe saber en qué se está metiendo.

Así que observe con atención a la persona con la que está considerando ir más allá de los límites. ¿Tiene los recursos emocionales para lidiar con usted? ¿Puede poner sus preocupaciones a un lado y entrar en su mundo? ¿O usted nota que el enfoque y la energía tienden a ser hacia su situación, de una manera que ni uno ni otro se da cuenta? Esta pudiera ser una persona a la cual amar, ayudar, respaldar y para quien buscar recursos, pero tal vez no sea alguien con quien usted puede avanzar en la búsqueda de una relación personal íntima.

No todo el mundo puede con usted. Esto no es una acusación contra nadie. A veces simplemente se trata del tiempo errado o la persona errada. No obstante, necesita una manera de comprobarlo y ver si todo lo de usted estará bien con todo lo de la otra persona. He aquí algunas preguntas que hacer mientras llega a conocer a la persona que está considerando.

¿Están ellos mismos en un buen lugar?

Exige cierta cantidad de fuerza personal proveerle amor, gracia y respaldo a otro individuo. Como hemos notado, las relaciones personales proveen el combustible de la vida que nos mantiene avanzando hacia el crecimiento y nuestras metas. Cuando existe una conexión auténtica en una relación personal, eso quiere decir que tiene lugar una transferencia de combustible de una persona a la otra. Cualquier persona con la que está considerando intimar debe tener la capacidad de proveer ese combustible.

Una mujer que conozco, y a quien llamaré Angie, me pidió que la ayudara con la relación que tenía con su hermana

Rachel. Ella quería acercarse a Rachel, pero cada vez que se reunían para hablar, Rachel monopolizaba la conversación. Esta dinámica había estado presentándose por varios años. Rachel había tenido una vida dura, incluyendo un mal divorcio y problemas serios con un hijo mayor. Tendía hacia la dependencia y permitía que otros la controlaran. No tenía muchos amigos íntimos y llevaba una vida aislada. Usted podrá percatarse de que esto resultaba en una relación en un solo sentido con Angie, quien, aunque había tenido unos cuantos retos propios, estaba todavía trabajando en sí misma, había logrado un gran crecimiento, y ahora se encontraba en un punto bastante bueno en la vida.

Según resultó, el propio quebrantamiento de Rachel dominaba la relación con su hermana. Cuando hablaban, Rachel se pasaba la mayor parte del tiempo repasando su soledad, sus problemas con su antiguo esposo y los conflictos de su hijo. Ella era una persona amable y bondadosa de corazón, pero no se daba cuenta de que estaba controlando la relación. Su necesidad simplemente se desbordaba, del mismo modo que una toma de agua despide el líquido. El aislamiento de Rachel era tan profundo que el calor natural de su hermana en realidad atraía la dependencia.

Esto ponía a Angie en un dilema. En verdad deseaba una relación más estrecha con Rachel, pero toda conversación que tenían acababa con Angie no solo considerando que nadie la había oído, sino también agotada. Con todo, Angie se afligía por sentirse así. Quería anhelar pasar tiempo con su hermana.

Lo primero que le sugerí fue que hablara con Rachel sobre esto de la manera más gentil que fuera posible, diciendo algo así como: «Me alegro de que la una forme parte de la vida de la otra, y tú significas mucho para mí. Pero tengo que pedirte algo. A veces, cuando hablamos, yo también tengo algunas cosas en mi vida que quiero contarte, pero parece que nunca logramos hablar de ellas. Quiero estar ahí para ti, y siempre lo estaré. No obstante, ¿podríamos tratar de dejar un poco de tiempo para mí también?».

Yo sabía que esto era un riesgo para Angie. Su hermana a lo mejor se sentía atacada, o le echaba la culpa, y se alejaba de la relación. Sin embargo, por lo que Angie me había contado sobre su hermana, pensé que Rachel sería capaz de discernir el espíritu con el que Angie le hacía la petición.

Así que hablaron. Rachel se sorprendió y se abochornó un poco por el desequilibrio. Dijo que ella también quería una relación en ambos sentidos y convino en trabajar en ese aspecto de la conexión.

Dio resultado al principio, pero luego dejó de funcionar. Las primeras llamadas telefónicas y almuerzos marcharon mejor. Rachel se aseguró de preguntarle a Angie cómo le iba, y Angie le habló de su trabajo y su matrimonio. Angie le hizo saber a Rachel cuánto apreciaba la consideración. Luego, gradualmente, los asuntos de la vida de Rachel empezaron a apoderarse de la conversación de nuevo. Sus conflictos principales simplemente eran demasiado apremiantes para que ella viera más allá del dolor y entrara en el mundo de Angie. Le dije a Angie que refiriera a Rachel a un terapeuta, grupos de respaldo, asesores financieros y mentores. Así lo hizo. Rachel no ha captado en realidad la visión del crecimiento personal todavía. Ella tiende a ser pasiva y permitir que sus problemas la abrumen. En el momento en que escribo esto, Angie no ha podido tener una relación mutua, de doble vía, con su hermana. Tal vez, si Rachel se compromete a obtener la sanidad que necesita, eso sucederá con el tiempo.

El punto aquí es que usted necesita ver si la persona está en un buen punto para ayudarlo a desarrollar la vida con ella. No precisa tener una existencia perfecta. Incluso puede experimentar grandes problemas. Sin embargo, debe tener suficiente espacio y energía sobrante después de atender sus propias exigencias de la realidad para estar presente e interactuar con usted. ¿Ha descubierto, como Angie, que el enfoque se dirige a la situación de la otra persona la mayoría de las veces? ¿O halla que la otra persona se mantiene interesada, que emocionalmente está ahí y toma la iniciativa para entrar en su mundo? Esto es una parte importante de lo que tiene que suceder.

¿Está la persona dispuesta a invertir en la relación?

La persona debe invertir en usted y estar dispuesta a entregarse en la relación. Invertir es dedicar un recurso, en este caso el amor, la atención, el enfoque, el tiempo y la energía de uno. Las relaciones vulnerables no son relaciones casuales y al paso, del tipo «Te veré cuando pueda». Las cosas son demasiado frágiles e importantes para esa clase de nivel fugaz de compromiso. Las relaciones personales íntimas saludables incluyen una dedicación del uno a la mejora del otro. Necesita a alguien que tome en cuenta el costo de tener un vínculo con usted y que esté dispuesto entonces a hacer un compromiso real.

Sin embargo, eso no quiere decir que algo ande mal con una persona que no desea esa clase de inversión. Puede haber algunas razones perfectamente legítimas por las que usted no es lo suficiente importante para ella. Si se trata de una relación de noviazgo, como dice el éxito de librería, tal vez «simplemente él no es eso para usted». No hay alguien malo en ese tipo de situación. Es una cuestión de preferencia y opción. Lo mismo rige para las amistades. Una persona simplemente tal vez quiera dedicar más a la relación que la otra.

En el matrimonio. Un matrimonio que dos personas están tratando de reconstruir es un asunto diferente. Hacer que un matrimonio resulte como Dios lo propuso es una tarea que requiere que ambos estén dispuestos a jugárselo todo. Cuando esto no sucede y uno se mantiene en la periferia del compromiso, las cosas en realidad no pueden avanzar. Su yo más vulnerable simplemente no puede correr el riesgo si el otro no invierte en la conexión. En este tipo de escenario, usted debe primero atender la falta de inversión y compromiso porque, en un matrimonio, una falta de compromiso no es simplemente una cuestión de preferencia u opción, sino que constituye un problema. ¿Está él dudando en cuanto a si quiere quedarse o irse? ¿Está ella dedicándole a su trabajo y amigas el tiempo y la energía que debería dedicar al matrimonio? No podemos simplemente abrirnos y confiar hasta que la inversión es la correcta.

Trabajé con un hombre llamado Tyler cuya esposa lo dejó, se fue con otro, y tuvo un hijo con ese hombre. De manera increíble, Amelia no quería divorciarse de su esposo. Ella todavía sentía algo por él, primordialmente porque era una figura segura y estable en su vida. Así que se mantuvo conectada con él y lo contactaba de tiempo en tiempo.

Era una situación terrible para Tyler. Amaba a Amelia y quería tratarla con gracia y ser paciente. Sin embargo, la realidad era que ella estaba profundamente comprometida con el otro y sentía solo ocasionales arranques en los que lo echaba de menos. Los amigos de Tyler no entendían por qué él aguantaba esto y no se divorciaba de ella. Para ellos, el matrimonio se había acabado y debía seguir adelante. Él mismo tampoco entendía por qué persistía. Sin embargo, al hurgar más hondo, descubrimos que él se había criado en una familia con problemas. Durante su niñez, resolvió los problemas de su familia siendo el fuerte, el paciente y el que consideraba los aspectos positivos de la situación. Por ejemplo, si su mamá y su papá peleaban, Tyler trataba de intervenir y les mostraba los puntos de vista de ambos, como haría un asesor matrimonial; pero *él tenía siete años*. También esperaba lo mejor, como los chicos lo hacen, porque su deseo más profundo es que mamá y papá sigan juntos y se amen. Lamentablemente, sus padres se divorciaron.

Cuando se combina el papel de la niñez de Tyler como mediador y su profundo anhelo de una familia intacta, no sorprende ver por qué se aferró a una situación increíblemente dolorosa por tanto tiempo. Una vez que empezó a discernir los patrones tempranos del carácter, eso lo ayudó a aclarar lo que necesitaba hacer en tal escenario de pesadilla. Amelia no podía en verdad invertir en Tyler. Ella no era una persona con la que él podía ser vulnerable. Era la persona errada con quien escoger avanzar más allá de los límites.

Si usted forma parte de un matrimonio en el cual una persona no se entrega por completo, simplemente debe tener a otros con quienes está conectado que lo respalden. Su cónyuge todavía no es de plena confianza. Se espera que esto pueda cambiar con el tiempo, pero en tanto usted esté «por» esta persona y la ame, no se ponga en desventaja emocional dándole todo de sí mismo mientras ella no pueda hacer lo mismo.

En las familias. En otras relaciones personales, tales como con las que tienen lugar entre los miembros de la familia, una persona a veces espera una inversión relacional que no está allí. A una mujer tal vez le gustaría que su papá estuviera más conectado emocionalmente con ella. Él tal vez no la llame ni le pregunte sobre su vida y los hijos, o la visite, por ejemplo. Esto puede ocurrir en la otra dirección también, cuando el padre de un hijo adulto desea más en la relación personal de lo que el hijo está dispuesto a dar. Lo ideal, por supuesto, es que los miembros de la familia se quieran los unos a los otros. Incluso después de que los hijos han crecido y se ha ido de casa, los miembros de familia todavía pueden seguir conectados mutuamente e intervenir el uno en la vida del otro. Los papeles simplemente cambian. En lugar de que los padres sean la fuente de vida y provisión para los hijos, todos son amigos que comparten una historia en la que todos se honran y aman.

Dentro de las familias, una falta de inversión puede deberse a un rompimiento. Es posible que haya un desacuerdo que no se ha solucionado, una cuestión de carácter sin resolverse tal como una herida emocional, o problemas de abuso de fármacos que se interponen en el camino. Si estos asuntos no se solventan, los miembros de la familia continúan alienados, a veces por décadas.

Cuando hay un rompimiento o un problema de egoísmo,

haga lo que sea posible de su parte a fin de mantenerse lo más saludable posible, perdonar, e intentar reconciliarse. Si el otro está dispuesto a analizarse por dentro con profundidad y asumir su propia parte, los miembros de la familia a menudo pueden volver a intimar.

No obstante, hay ocasiones en las familias cuando no existe ni alienación ni rompimiento. La cuestión es simplemente que uno desea más inversión que el otro. Nadie está enojado, nadie se siente dolido, nadie margina a los otros. Solo hay diferentes niveles de tiempo, energía y dedicación. Yo no veo esto como un problema de chicos buenos y chicos malos. La mayoría de las amistades no opinan exactamente lo mismo con respecto a cuánto tiempo cada parte quiere pasar juntos, por ejemplo. De hecho, aunque el matrimonio es un compromiso total, incluso los cónyuges tienen diferentes necesidades en cuanto a la cantidad de tiempo que pasan juntos. Uno necesita más espacio, el otro más intimidad, y eso es cuestión de amor, ajuste, sacrificio y negociación. Lo mismo es a menudo cierto en las familias cuando los hijos ya son adultos y cada uno tiene diferentes expectativas acerca del nivel de inversión en la familia.

El punto es este: *Avanzar más allá de los límites requiere una dedicación de parte de ambos*. La intimidad no puede existir sin ese tipo de seguridad. Es importante echar un vistazo a cuánto está la otra persona dispuesta a invertir para tener una relación personal con usted y conocerlo a profundidad. Como ya he señalado, tal vez haya una razón «inofensiva» por la que la persona no haya invertido. Si es así, acéptelo, exprese gracia, ajústese a una relación personal menos comprometida, y busque en otra parte. Así es como los adultos navegan por la vida, y esta actitud igualmente lo protegerá.

¿Tiene la persona buen carácter?

¿Tiene la persona en quien usted está interesado el carácter interno que contribuye a una relación personal saludable? La inversión relacional es una cosa y el carácter es otra. Yo defino el carácter como la capacidad para enfrentar las exigencias de la vida. Parte de esa capacidad incluye ser capaz de hacer una buena conexión. El carácter no es cuestión de ser perfecto. Si lo fuera, usted y yo quedaríamos descalificados. Más bien es un asunto de tener adentro lo necesario para cuidar bien las conexiones que se establecen.

Por ejemplo, en nuestro programa radial hablé con una mujer cuyo esposo era alcohólico. Entre otras cosas, él desaparecía por largos períodos de tiempo y estaba arruinando la economía de la familia. Las cosas andaban tan mal que ella le había pedido que se fuera de la casa. La pregunta de la mujer fue:

—¿Cómo sé cuándo debo permitirle que vuelva?

—¿Qué está haciendo él con respecto a la bebida? —pregunté a la vez.

—Él no piensa que tiene un problema —contestó ella—. Dice que estoy exagerando.

—Si todo lo que me está contando es verdad, usted no está exagerando, sino simplemente siendo realista. ¿Qué le dicen algunas personas objetivas en su vida?[9]

—Mi pastor, mi terapeuta y mi grupo pequeño lo conocen y concuerdan en que en realidad se trata de un problema muy serio.

—¿Por qué, entonces, va a considerar permitirle que vuelva si él está negando su problema?

—Porque me echa mucho de menos, me quiere y está solo.

—Comprendo eso. Las personas en negación pueden amar y echar de menos a alguien. De hecho, es por eso que usted no quiere que vuelva. Ese es su recurso para que busque ayuda. Si él no la echara de menos, entonces tendrían un problema mayor.

En este punto, la conversación empezó a pasar de él a ella.

—Pero si él en realidad me ama, no veo cómo puedo alejarlo —dijo ella.

En otras palabras, la mujer que llamaba por teléfono

ahora estaba articulando sus propios anhelos y demostrando su codependencia, lo cual era una gran parte del asunto.

—Sé que es duro —le dije—, y usted necesita respaldo de algunas personas para mantenerse firme. Pero considérelo de esta manera. Digamos que tiene la regla en la casa de que sus hijos no salen a jugar con sus amigos mientras no hayan dedicado una hora a sus tareas escolares. Esa es una buena regla. Sin embargo, su hija quiere hoy jugar con sus amigas y deja a un lado su tarea escolar. Simplemente no quiere hacerla, de modo que usted le dice que no puede salir. Ella le suplica y ruega, y no se trata de que quiera salir para drogarse. Solo desea tener algo de diversión sana e inocente. ¿Qué hace usted?

La mujer que llamaba se quedó callada por un momento y luego dijo: «Lo comprendo».

Una de las señales del carácter es que la persona hace lo que sea necesario para restaurar una relación. Si es su falta, se disculpa, cambia, deja de ingerir licor, pide perdón, busca ayuda pastoral, se inscribe en un grupo de crecimiento, recibe terapia, se somete a rendirle cuentas a un planificador financiero, ingresa a un grupo de doce pasos, o le dice: «Dime lo que tengo que hacer a fin de no lastimarte tanto». Echar de menos, anhelar, sentirse solo y amar son cosas buenas. Muestran una capacidad de apego, lo cual ayuda. Sin embargo, eso no basta. El carácter dice que tiene que hacer mucho más que quererlo. Necesita cambiar para ser una mejor persona.

El amor no basta. Ni tampoco ser atento o tener sentimientos románticos, una personalidad encantadora, grandes capacidades y pericias, o prometer un cambio. Usted necesita sustancia debajo de la crema. No se venda demasiado barato. El carácter siempre gana con el tiempo.

¿Cuál es la realidad de sus circunstancias?

Hay algunas realidades prácticas que afectan su decisión de si debería o no mostrarse vulnerable e invertir en una relación personal. En ese sentido, la inversión y el carácter tampoco bastan. Préstele atención a las circunstancias en que ambos se hallan. Por ejemplo, considere las siguientes situaciones:

- Desea asociarse con alguien en algún negocio, pero el otro no tiene el dinero o los recursos necesarios para aportar su parte.
- Quiere intimar más con su cónyuge, pero tienen un hijo que atraviesa una crisis de salud y ambos deben primero dedicar su energía a atender tal contingencia.
- Se interesa en salir con alguien cuyo divorcio no ha finalizado, o que se acaba de divorciar y todavía no ha mostrado ninguna recuperación de la separación.
- Se interesa en salir con alguien que está atravesando una crisis profesional y financiera, y hay muy poco tiempo para una relación personal.
- Le gustaría tener más amistad con alguien que pronto dejará el área por un nuevo trabajo.
- Anhela reconectarse con un familiar difícil, pero es temporada festiva y todo es un caos al momento.
- Está en la secundaria y enamorado, pero usted y la persona en quien está interesado planean asistir a diferentes universidades, muy distante la una de la otra.

Usted tiene solo cierta cantidad de tiempo, energía y recursos emocionales que dedicarles a una persona. Cuando hay circunstancias que considerar, no hay lados que tomar. Simplemente se trata de realidades a las que debe prestarle atención. Tal vez pueda superar algunas de ellas, o quizás deba esperar a una mejor ocasión. Debe tomar en cuenta sus circunstancias. No las ignore. No está siendo duro de corazón o egoísta. Todavía puede ser un individuo cariñoso, cálido, orientado a las personas, que tiene la cabeza donde debe estar.

Considere el costo aquí. Las relaciones personales son una de las mejores cosas que alguien puede experimentar. No obstante, si simplemente se da algo de tiempo para pensar en estos asuntos, es mucho más probable que resulte con una conexión ganadora con una persona que más tarde no lamentará, ni de la cual tendrá que recuperarse.

16

Para noviazgo y matrimonio: ¿Va esta persona más allá de la pasión?

Si usted está considerando avanzar más allá de los límites en una relación amorosa, bien sea para noviazgo o matrimonio, este capítulo trata de un aspecto específico importante de la conexión romántica. Tiene que ver con la capacidad del otro individuo para avanzar más allá del romance, la pasión y la sexualidad. La razón para esto es que, hasta cierto punto, somos víctimas de la distorsión que Hollywood presenta en cuanto a las relaciones personales.

No me malentienda; no estoy en contra de Hollywood. Me encanta el cine y mis hijos están estudiando cine en sus escuelas. No obstante, necesitamos librarnos de la distorsión embebida en el ADN de la cultura del cine: la pasión lo vence todo. Es decir, si usted se conecta profundamente a un nivel romántico apasionado, ha entrado al nirvana relacional y su amor lo conquista todo. Esto resulta en montones de gran diversión, pero no es de la forma en que las relaciones personales reales avanzan en serio al próximo nivel.

Una buena amiga mía, Sharon, estaba saliendo con Alex, un hombre por el que se sentía muy atraída. Él tenía muchas de las cualidades que ella estaba buscando: los mismos valores espirituales, calor, muchos amigos y ambición, y tampoco era algo para no tener en cuenta que se parecía a un modelo famoso. Además, era incurablemente romántico, y a ella le encantaba ese aspecto de la relación. Alex era el rey de las noches largas, las miradas embelesadas, las flores, las palabras dulces y los lugares grandiosos para cenar. Sharon estaba prendada del individuo.

Luego, la realidad sacó su horrible cabeza en la forma de una tendencia en Alex a ser financieramente irresponsable. Lo despidieron de un trabajo y quería irse a vivir a la casa de ella por un tiempo. Le pidió prestado dinero y no se lo pagó. Sharon pensó que podía resolver el problema con una conversación directa. Le dijo que aunque lo amaba, en realidad él tenía que buscar su propia vivienda y pagarle lo que le había pedido prestado o acordar un plan regular de pagos. Ella necesitaba ver alguna señal de responsabilidad financiera.

Alex respondió evadiendo las preguntas, diciéndole lo atractiva que era y cuánto quería llevarla a disfrutar de una gran cena y pasar con ella tiempo de calidad. Sharon quedó algo apabullada, porque nada de lo que él comentó se correspondía con lo que ella le había dicho. Así que lo intentó de nuevo. ¡Esta vez él dijo que quería darle un masaje! Finalmente, Sharon se dio cuenta de que Alex no era capaz de lidiar con la realidad y acabó la conversación. No es sorpresa que ella también terminara la relación de noviazgo poco después.

Aunque esto suena como un ejemplo extremo, ilustra que algunos pueden relacionarse con el sexo opuesto solo en la arena romántica o sexual. Es como si aprendieran todo su repertorio en los programas de televisión. Una abundancia de pasión puede por cierto ser atractiva en el contexto apropiado, pero si no hay nada que vaya más allá de la pasión, tal individuo no está listo para una relación con usted.

El lugar de la pasión

La pasión romántica resulta maravillosa. Tiene energía y une a una pareja. Es física, sensual, emocional y llena de vida:

«Ah, si me besaras con los besos de tu boca [...] ¡grato en verdad es tu amor, más que el vino!» (Cantares 1:2). En los mejores matrimonios duraderos la pasión desempeña un papel fuerte a través de las décadas. Dos personas experimentan todos los niveles de relaciones personales posibles: valores compartidos, amistad, conexiones espirituales, vulnerabilidades y pasión. Cada aspecto está entretejido en el mosaico de la conexión completa.

La pasión tiene su propio lugar especial y su utilidad en la relación. Ayuda a un hombre y una mujer a sentirse extremadamente cerca el uno del otro, puesto que la atracción sexual disminuye por un tiempo los límites que separan a dos personas. En el abrazo sexual, cada persona siente una profunda unión con el otro. Resulta agradable en y por sí mismo, y aporta una gran cantidad de sentimientos intensamente positivos a la relación. Forma parte del proceso de tener hijos y una familia. Es también un símbolo de cuán fuerte es el amor de Dios hacia nosotros, puesto que él nos ve como su esposa: «Por eso, ahora voy a seducirla: me la llevaré al desierto y le hablaré con ternura» (Oseas 2:14). Podemos aprender mucho en cuanto a nuestra relación con Dios al entender y experimentar la pasión.

El beneficio de la pasión es que provee un atenuante cuando la realidad emerge y en la pareja finalmente el uno tiene que enfrentar los defectos del otro. Tal vez sean menores, moderados o serios, pero constituyen imperfecciones, problemas y pecados que no desaparecen con facilidad. Es duro vivir con ellos y producen dificultades relacionales. Sin embargo, la edificación de la equidad relacional, la buena voluntad y el afecto positivo ayudarán a suavizar los puntos ásperos mientras la pareja lucha con la adaptación y la integración de las realidades menos agradables. El amor maduro entonces se desarrolla, en el cual cada uno conoce lo bueno y lo malo del otro, pero de todas maneras ama a la persona entera.

Las parejas que entienden la pasión desde una perspectiva madura lo tienen todo. Se sacaron la lotería. Pueden tener experiencias sexuales grandiosas y también avanzar hacia una gran vulnerabilidad y franqueza del uno con el otro, las cuales van mucho más hondo que la pasión. *En realidad, no renuncian a nada.* Ninguna pareja con ese tipo de relación la cambiaría por nada en el mundo. ¿Qué se puede comparar a una noche en la cual usted habla de un temor o una necesidad y recibe de su cónyuge una profunda empatía y comprensión mientras él de manera segura explora quién es usted en realidad en su esencia, seguido de un momento de pasión? Estas son algunas de las experiencias cumbres compartidas por las parejas que crecen y viven como es debido. Y ese es el lugar de la pasión.

Cuando la pasión domina

El problema surge cuando la pasión y el romance están fuera de su lugar. Las cosas marchan mal de la misma manera que marchan mal cuando el postre es el plato principal en la comida. No hay sustancia ni carácter que mantenga unida la relación. Los dos se sienten desconectados, alienados, malentendidos, aburridos o adictos. Y no crecen juntos como adultos. Cuando la pasión domina una relación, usted notará tres tendencias que necesita tener presente. Ellas no significan que la relación deba terminar. Sin embargo, sí indican que la relación debe cambiar y llegar a basarse menos en la pasión antes de que usted avance más allá de los límites.

Desilusión con la realidad

Cuando la pasión inicial y más fuerte empieza a desvanecerse y la realidad está al frente y en el centro, el individuo puede desilusionarse con respecto a dónde parece que la relación está marchando. Tal vez la compara con una relación anterior y halla que se queda corta: no es tan intensa, tan emocional, tan fogosa. La relación presente parece insípida e incluso menos conectada e íntima. En lugar de ver el cambio como una invitación potencial a avanzar a una vulnerabilidad más honda, lo ve como un retroceso.

Me encontraba aconsejando a Scott, un soltero que estaba saliendo con Carol, una mujer a quien le encantaba el romance y, con la misma intensidad, detestaba la realidad. Él siempre andaba sobre ascuas con ella, sin saber qué esperar. Podían tener momentos y salidas memorables, y entonces Scott estaba seguro de que ella era la escogida. Nadie jamás lo había hecho sentirse tan vivo como Carol lo hacía.

Sin embargo, en esos fines de semana cuando él simplemente quería pasar tiempo con ella y ver televisión, o cuando no tenían nada especial planeado, ella se inquietaba y se alejaba de él. Siempre que Scott hablaba de sus problemas financieros o su temor a perder su trabajo, Carol se alejaba incluso más. No le gustaban ese tipo de conversaciones. Ella quería que él «viviera para el momento, como si esto fuera todo lo que tuviéramos», según decía. Cuando Scott le preguntaba en cuanto a sus propias luchas, ella se encerraba. Carol estaba perpetuamente desilusionada con la realidad y no quería que él enfrentara sus propias realidades, mucho menos las de ella.

Scott trató de mantener a Carol interesada. Hizo lo mejor que pudo. Dedicó mucho tiempo y energía a salidas nocturnas y durante los fines de semana para ayudarla a escapar. Finalmente, sin embargo, él no fue lo suficiente bueno para ella, de modo que la relación se acabó. Quedó devastado, porque en verdad estaba interesado en ella. No obstante, con el tiempo, conforme llevamos a cabo el examen postmortem de su relación, él se dio cuenta de que en realidad la quería tanto que ignoraba la conexión adversaria que ella tenía con la realidad. A Scott en última instancia le fue mucho mejor cuando ella terminó la relación, porque es probable que se hubiera dedicado a una vida fútil tratando constantemente de mantener escondida la realidad por causa de ella.

Analice, entonces, lo que sucede cuando no hay pasión en su tiempo juntos. ¿Puede él o ella relacionarse? ¿Habla de la vida normal? ¿Mantiene interés en sus actividades normales? Asegúrese de prestarle atención a cuán conectada está la persona con la realidad.

Fracaso para tener intimidad

En un matrimonio, un cónyuge a menudo equipara la intimidad con las relaciones sexuales. Es decir, las relaciones sexuales sirven como un atajo a la intimidad. Aunque esto es más típicamente un problema en los hombres, las mujeres también pueden experimentarlo. Hay algunas cosas comunes entre la intimidad y la relación sexual, por ejemplo, cosas tales como los sentimientos de amor, el acercamiento al otro, y el deseo de excluir a los demás de su mundo privado. Los aspectos en común hacen fácil que una persona a veces no vea las diferencias entre la intimidad y la relación sexual. Esto puede producir gran daño en un matrimonio. Una esposa puede sentirse no amada y usada. A su vez, el esposo puede sentir el alejamiento de ella y experimentarlo como rechazo. Entonces los dos aumentan la distancia entre ambos.

Estaba hablando con un hombre en una conferencia profesional que me pidió consejo en cuanto a su vida sexual.

—Mi esposa no es tan sexual como yo y no quiere tener relaciones con la misma frecuencia que yo lo deseo —me dijo.

—Pues bien, ninguna pareja tiene exactamente el mismo nivel de deseo —le dije—, así que ese no es en realidad un problema. ¿En dónde está el problema según usted piensa?

—Ella no parece quererlo tanto como yo cuando estamos teniendo relaciones sexuales. Parece que no lo disfruta mucho.

—Sí, eso parece ser el problema. ¿Así que ella nunca tiene el mismo grado de deseo que usted?

—No, pienso que no.

—¿Le ha preguntado al respecto?

—Sí. Ella dice que me ama, pero sabe que eso es importante para mí, así que no le importa.

—Pienso que ustedes pueden lograr algo mucho mejor que eso.

—¿Cómo?

—Cuando ustedes tienen relaciones sexuales, ¿qué hacen antes de iniciarlas?

—Acostamos a dormir a los chicos y nos vamos a la cama.

—¿La abraza y le pregunta cómo le fue en su día y cómo se siente con respecto a ustedes dos antes de empezar la actividad sexual?

—No, en realidad no.

Esperé un instante y luego dije:

—Entonces, ¿qué piensa?

—Ahora que recapacito—señaló el—, ella siempre se ilumina cuando le pregunto cómo le va. No obstante, simplemente doy por sentado que si no quiere traer algo a colación, es porque le va bien.

—Resulta bastante común que los hombres piensen así —le expliqué—. Pero parte del amor es llegar al interior emocional de su esposa y ver qué es lo que está ocurriendo con ella.

En ese momento le cité a Salomón: «Los pensamientos humanos son aguas profundas; el que es inteligente los capta fácilmente» (Proverbios 20:5). Eso es cierto también del corazón de la mujer.

—Inténtelo y déjeme saber cómo le va —le aconsejé.

Me sentí razonablemente seguro de que las cosas marcharían mejor, porque he visto muchas, muchas veces que esto funciona.

El orden de las cosas es así: Escuchen y hablen a un nivel profundo primero y pongan el sexo después. En especial para las mujeres, que a menudo relacionalmente marchan delante de los hombres, el hecho de ser oídas y entendidas hace que se sientan amadas y seguras, y le abre la puerta a su propia pasión y deseo. De esta manera, tanto el esposo como la esposa aprenden cómo conectarse el uno con el otro, aprenden cómo poner al otro primero, aprenden a valorar la paciencia y la relación... y luego a expresar la sexualidad como resultado.

Hay por cierto un lugar en un matrimonio saludable para el sexo más recreacional y espontáneo, pero asegúrese de que en lo principal la intimidad emocional pueda más que la intimidad sexual.

A veces un cónyuge piensa que la sexualidad se mejora con técnicas y el medio ambiente. Así que reduce la iluminación, hace sonar una música evocadora, le aplica masajes a su pareja con aceites aromáticos y se pone una ropa sensual. Esas cosas pueden añadir a la experiencia. No obstante, me sobran dedos para contar las mujeres que me han dicho que todo eso ha añadido algo en términos de aumentar su propia pasión. Fue el hecho de ser escuchadas y el interés en su mundo lo que resultó determinante. No hay atajos para la conexión. Lleva tiempo, esfuerzo, y la capacidad de ponerse uno mismo en segundo lugar.

Así que evalúe si considera que su cónyuge puede entrar en la intimidad por el camino amplio y no por el atajo. Pudiera ser, como el hombre que conocí en esa conferencia, que su cónyuge tal vez en verdad no sepa la diferencia. Así que muéstrele gracia y comuníquele su necesidad de conexión a fin de sentir el deseo sexual. Ayude a su cónyuge a entender esto[10]. Con todo, si su cónyuge se resiste a esta parte, eso no es una buena señal de que puede avanzar más allá de la pasión y la relación sexual con usted. Si el hombre en la conferencia me hubiera dicho: «Ella simplemente tiene que entender que estoy diseñado de esta manera y ser más entusiasta como una forma de demostrarme que me ama», eso hubiera sido una señal de alarma. Sin embargo, él no dijo eso. Así que tenía una buena posibilidad de avanzar más allá de los límites con su esposa. Y usted necesita prestarle atención también a la respuesta que recibe.

Preocupación, no celebración, de parte de los amigos

Durante el noviazgo, una de las señales más evidentes sobre la capacidad de la persona para avanzar más allá de la pasión se produce al incluirla en sus amistades. A menos que usted tenga amigos extremadamente codependientes, ellos le proporcionarán una buena dosis de realidad, y eso lo ayudará. Si usted oye opiniones como: «Cambias cuando él está cerca; no eres tú misma como cuando de forma habitual estás con nosotros», o «Ella es una persona amable, pero no puedo hallar nada de qué hablar con ella», o «Él simplemente se dedica a ti y en realidad no tiene ningún interés en nadie más», eso es algo a lo que vale la pena prestarle atención. En las primeras etapas del noviazgo, una pareja a menudo se envuelve en una burbuja que los contiene solo a los dos y en un mundo propio. Permita que sus amigos lo ayuden a ver si hay correspondencia entre ese mundo y el mundo real. En lugar de los comentarios que acabo de describir, una gran reporte de calificaciones sería algo como: «Él encajó al instante», o «Pude ver que ella hizo el esfuerzo por conectarse con nosotros», o «Él me gustaría aunque no estuviera saliendo contigo» (a lo mejor usted tiene que preocuparse por ese último comentario).

Distinga entre el lenguaje romántico y lenguaje vulnerable

Hay lenguaje romántico y hay lenguaje vulnerable. Están relacionados, pero son diferentes. He aquí algunos ejemplos de lenguaje romántico:

- Resultas asombroso.
- Eres increíblemente atractiva.
- Te quiero mucho.
- Nunca me sentí de esta manera con nadie (¡en la primera salida!).
- Siento como si te hubiera conocido toda mi vida (lo mismo).
- Pudiera estar así contigo por siempre.

Estas son declaraciones románticas y apasionadas perfectamente buenas. Encajan cuando dos personas se atraen mucho la una a la otra. Sin embargo, mejor asegúrese de oír las siguientes declaraciones con igual frecuencia:

- ¿Cómo estás?
- Cuéntame más de eso.
- ¿Cómo te sentiste cuando tu jefe dijo eso?
- ¿Lastimé tus sentimientos cuando me comporté así?
- ¿Cómo piensas que nos va a ti y a mí?
- Yo también luché con eso.

Una relación íntima y apasionada requiere interés en la vida interior de la persona. Esa vida interior no siempre está llena de pasión, porque no todo en la vida es romántico. La persona debe tener una conexión completa con todas las partes profundas de usted.

Un reto a las mujeres

Hablando de manera general, tal como los hombres tienden a tener una afinidad por los aspectos más agresivos de la vida, las mujeres tienden a sentir una inclinación natural hacia la relación personal. Nosotros los hombres tenemos que trabajar más fuerte para conectarnos a niveles más profundos, y podemos lograrlo si le prestamos atención a esta dimensión del amor. Sin embargo, permítame presentarles aquí un reto a las mujeres también.

En tanto que su hombre es responsable de aprender y crecer en este aspecto, *usted también es responsable de hacerle saber cuán importante es esto para su vida*. A veces, cuando un hombre solo quiere relacionarse a nivel romántico o tiene poca experiencia en la verdadera intimidad, una mujer se desalienta y se resigna a esta limitación en la relación. Ella piensa: *Simplemente los hombres son así, por lo menos él tiene otras buenas cualidades*. ¡No se conforme!

Dios los diseñó a ambos para la intimidad. Su esposo es un mejor hombre por relacionarse a niveles vulnerables, así como también usted es mejor mujer por las mismas razones. Y la relación también resulta más madura y saludable. A menudo le digo a una esposa, por ejemplo, que diga: «Te amo y quiero que tengamos una intimidad sexual grandiosa. Pero necesito saber que te interesas y quieres conocerme a mí también. Responderé mucho mejor si actúas así conmigo». Un buen hombre se conmoverá por esto, y los que no, tienen un problema real. Usted no está haciéndose responsable de este asunto; más bien, está cumpliendo su papel para ayudar a que la relación se profundice.

Si quiere avanzar más allá de los límites, también debe ir más allá de la pasión. El romance es la carreta, no el caballo. La vulnerabilidad es el caballo.

17

¿Se está resolviendo el problema grande de la manera correcta?

Si quiere darle a una relación existente una segunda oportunidad, este capítulo es para usted. Cuando alguien que le importa mucho le ha fallado, avanzar más allá de los límites no es tarea fácil, pero resulta importante. Si usted está dispuesto a correr el riesgo e intentarlo de nuevo, lo felicito. A menos que sea seriamente codependiente, su disposición quiere decir que tiene el tipo de carácter que es capaz de hacer un esfuerzo extra con alguien. Y eso es bueno.

Al mismo tiempo, es importante que piense en esto con total claridad. Su corazón tal vez esté en el lugar debido, porque nunca está mal interesarse en alguien. Sin embargo, haya riesgo o no, *usted siempre es responsable de cuidar su corazón*. Como administrador de su única vida, es responsabilidad suya, ante Dios y ante sí mismo, ser vulnerable solo cuando es seguro serlo. Abrirse a una persona que no ha mostrado señales de que las cosas serán diferentes es ponerse a sí mismo en desventaja. Una de las cosas más importantes que puede hacer con respecto a esto es imaginarse si el problema que previamente fue un obstáculo está en verdad solucionándose. En otras palabras, ¿la persona está cambiando en realidad? ¿Se está resolviendo el problema grande de la manera correcta?

He aquí un ejemplo. Trabajé con una pareja en la cual el esposo, Bill, era un buen tipo, pero irresponsable. Era uno de esos individuos encantadores a quienes les encanta pasar tiempo con otros y ser muy divertido. No obstante, el desempeño de Bill en la vida no se equiparaba a su personalidad, en especial en cuanto a finanzas y gastos. Él gastaba demasiado en automóviles, cachivaches y diversión. También escondía sus hábitos de gastos, lo que quería decir que su esposa, Pam, con frecuencia se sorprendía por las facturas gigantescas en la tarjeta de crédito. Estos patrones afectaban seriamente el matrimonio. Pam estaba aterraba por un futuro financiero incierto con él. Ella no era perfecta y tenía sus propios problemas también, pero la conducta de su esposo estaba a punto de destruir el matrimonio.

Al trabajar juntos, Pam expresó claramente que aunque todavía amaba a Bill, había perdido la confianza en él. Ella no podía creer en nada de lo que le decía. «Si me dijera al mediodía que el sol está brillando, saldría al patio para verificarlo», comentó ella. Como es común en estas situaciones, Bill no quería reconocer la severidad del problema o hacer los cambios necesarios. Él deseaba que Pam cambiara, que dejara de echarle la culpa y aprendiera a confiar en él. «Si fueras más buena conmigo y confiaras en mí», decía, «me sentiría más respaldado y me iría mejor en mi profesión».

Así que en determinado momento tuve que intervenir.

—Tienes razón. Ella no debería tratarte duro o atacarte. Pero no quiero que confíe en ti —dije.

—¿No quieres que el matrimonio se arregle? —preguntó Bill evidentemente molesto.

—Por supuesto que lo quiero —señalé—. Deseo que Pam te quiera sin ninguna condición. Pero eso es diferente a la confianza. En tanto que el amor es gratis, la confianza hay que ganársela. En cuanto a la responsabilidad financiera, no quiero que ella se relaje y confíe en ti mientras no nos des evidencia de que has cambiado.

Una vez más a Bill no le gustó eso:

—Ustedes dos me están juzgando —protestó.

—No —dije—. Ninguno de los dos te está consignando al infierno. No hay ningún juicio en esta oficina. Sin embargo, no has mostrado que entiendes cuán profundamente la has lastimado, ni has hecho los cambios necesarios a fin de que ella pueda confiar en ti de nuevo. Si tú y yo fuéramos vecinos y te pidiera prestado un destornillador y no te lo devolviera, y luego te pidiera prestada tu sierra y no la devolviera, y más tarde un alicate y no te lo regresara, ¿qué harías si te pidiera prestado el martillo?

—Por supuesto que no te lo prestaría —dijo—. Está bien, ya veo el punto.

Bill no se mostró tan arrepentido como yo quería que lo estuviera en ese punto. Todavía parecía que no podía reconocer el impacto que ejercía en su esposa, pero fue un progreso.

—Propongo esto —señalé—. Quiero que le entregues tus finanzas a Pam mensualmente por un año. Ella estará a cargo. Tú recibirás una asignación. Ambos irán a ver a un planificador financiero. Y veremos, mes tras mes, si en realidad estás cambiando por amor a ella y a la relación.

Me volví a Pam:

—Si él hace lo que le estoy pidiendo, ¿te decidirías a confiar de nuevo en él?

—Lo haría —respondió ella—. Quiero dejar todo esto atrás. Pero tiene que ser real.

Estuvieron de acuerdo con el plan. Bill le echó algo de la culpa al principio, lo que sucede con frecuencia. No obstante, se humilló y permitió que ella se hiciera cargo del dinero. No fue fácil, tuvieron algunos tropiezos, pero para el cuarto mes, Pam me dijo:

—Pienso que estoy lista para confiar en él de nuevo. Dejemos el plan. Deseo que él sienta que tiene libertad de nuevo.

—Estoy dispuesto a transigir por un período de un año a seis meses —contesté—, pero no de cuatro meses. Sigamos con el plan por otros sesenta días.

Según resultó, Bill lo hizo bien. Y Pam dejó atrás su dolor y desconfianza, porque él verdaderamente cambió.

El dolor y la desconfianza no son más que señales. Ellos le indican que uno de ustedes tiene un trabajo de sanidad que llevar a cabo y el otro precisa hacer algún cambio... o ambas cosas. Es importante recordar ambos lados de la ecuación, el lado de «usted» y el lado de la «otra persona». Si no sanan, como hablamos en la Parte 2, nunca podrán ser capaces de confiar. Cuando el músculo de la confianza se atrofia, esta no opera, sin que importe cuán segura o correcta sea la otra persona. Si la otra persona no es confiable, su confianza puede llevarlo a algunos callejones sin salida. Así que, en tanto que monitorea si usted está aprendiendo a confiar de nuevo, también monitoree cómo le va a la otra persona en la arena que causó la ruptura de la confianza en un inicio.

Evidencia de una transformación auténtica

Usted necesita ver evidencia de una auténtica transformación a fin de avanzar más allá de los límites con alguien que le ha hecho sufrir. Esto pudiera parecer algo difícil de evaluar, pero hay por lo menos cuatro piezas fundamentales de evidencia que caracterizan un cambio real de corazón, todas las cuales son observables: confesión, apropiación, remordimiento y conducta cambiada. En la misma medida que estas cosas estén presentes o ausentes, usted podrá sentirse seguro para confiar de nuevo en la persona.

Confesión

La confesión es estar de acuerdo con la verdad. Dicho en pocas palabras, la persona debe reconocer que se ha comportado de una manera que le ha causado angustia a usted. La confesión es un asunto de realidad, no de percepción. Algo que alguien hizo lo afectó negativamente a usted y el otro tiene que estar de acuerdo con eso. La confesión provee una manera para que las personas empiecen a reconectarse al reconocer y concordar en cuanto a la verdad de lo que ha sucedido entre ellas.

Hay dos partes en la confesión: reconocer lo que se hizo y reconocer que lo afectó a usted. Eso es lo que necesita oír de alguien con quien quiere avanzar más allá de los límites. Si la persona simplemente concuerda en que la conducta tuvo lugar, pero no reconoce que lo impactó a usted, no tendrá el tipo de confesión plena que les permitirá avanzar el uno con el otro.

Serví de consultor a una compañía plagada de problemas relacionales a nivel ejecutivo. Entre otras cosas, hallé que la presidenta había perdido el contacto con sus subalternos. Su tendencia a ser cortante y directa les daba a sus colegas la impresión de que era dura y criticona. Había distanciado a las personas que supervisaba, y algunos de sus mejores talentos estaban a punto de renunciar. El asunto que le impedía resolver ese problema era una falta de confesión plena de cómo su rigor afectaba a los demás.

La aconsejé acerca de cómo hacer mejores conexiones y aprender a admitirlo cuando había sido demasiado brutal con ellos. Pensé que estábamos haciendo progresos, pero encontramos un escollo cuando oí que había actuado igual una vez más con uno de sus subalternos. Ella había perdido los estribos debido a un error táctico que el hombre había cometido en la estrategia de la compañía, y lo había hecho frente a varios de sus colegas. El hombre se sintió humillado. Le dije a esta mujer: «Tiene que cambiar esto. Vaya a hablar con él y pídale disculpas. Usted es la líder aquí». Su respuesta fue desilusionadora: «No es tan malo. Él tiene que ser menos sensible».

Eso a veces es verdad, pero no en este caso. Sus subalternos no eran demasiado sensibles. Ella no tenía ni idea de cuán profundamente desmoralizaba a estas personas. Tuve que ser más contundente con ella, y aunque le llevó un tiempo, empezó a reconocer el impacto que su conducta ejercía sobre los otros. Sin embargo, esto no sucedió hasta que hablamos de la relación que había tenido con su propia madre fría y criticona, que la había lastimado profundamente y cuyo impacto ella nunca había resuelto por completo. En su juventud, solo se fue de la casa y siguió avanzando, sin nunca saber que estaba repitiendo la dinámica relacional que había tenido con su mamá. Esa comprensión, y el hecho de recordar cómo la conducta de su mamá la había afectado, la ayudaron a suavizarse con los demás.

Cuando la otra persona confiesa, busque tanto la admisión de la verdad como el reconocimiento de que la conducta lo ha impactado:

- He estado bebiendo demasiado y sé que eso te asusta.
- Me he mantenido alejada y sé que te sientes solo.
- He estado demasiado enfadado y sé que eso ha herido tus sentimientos.
- He estado enviándote mensajes ambiguos sobre nuestra relación personal y sé que estás confusa.
- No he sido franco con la verdad y sé que no puedes confiar en mí.

Tenga presente ambos lados de la ecuación y explique por qué son importantes para usted y la relación. Ayude a la persona a hacer ambas cosas. La mayoría de personas razonablemente saludables pueden manejar esto.

Apropiación

Apropiarse de una conducta es asumir la responsabilidad por la misma, sin culpar a otros ni dar excusas. Cuando usted se apropia de algo, está diciendo: «Esto es problema mío y de nadie más». Si la persona en su vida se apropia de su conducta, eso es una señal alentadora. Es bueno cuando alguien asume lo que ha hecho; eso lo hace sentir más seguro. De hecho, usted *se halla* más seguro, porque la persona no está restándole importancia a su conducta. Así que puede tranquilizarse un poco y acercarse un poco más. Cuando la otra persona culpa a fuerzas externas por su conducta, incluyéndolo a usted, está diciendo en efecto: *En realidad, yo no soy responsable por lo que hice, de modo que lo que sea que en realidad me llevó a hacerlo pudiera impulsarme a actuar así una vez más. Cuídate de mí; yo no tengo el control de esto.*

Mire las declaraciones dobles que siguen para ver más ejemplos de lo que significa que alguien asuma o no su responsabilidad:

Apropiación: Mi borrachera es el problema.
No apropiación: Necesito algo de alivio al estrés de mi trabajo.

Apropiación: Me retraigo y me aíslo de ti. Aunque hay razones para eso, es mi problema.
No apropiación: Tengo que alejarme porque es difícil vivir contigo.

Apropiación: Reviento en cólera cuando no debería hacerlo, y necesito esforzarme en esto.
No apropiación: Tú me sacaste de quicio.

Apropiación: Te doy mensajes mezclados, y reflejan mi propia confusión interna.
No apropiación: Esperas demasiado de mí.

Apropiación: He estado mintiendo, y lo hice a sabiendas.
No apropiación: Tu falta de respaldo hace que yo esconda la verdad.

Por cierto, usted puede haber hecho las cosas más difíciles debido a sus propios problemas, pero siempre debe reconocerlos y esforzarse por cambiarlos. Sin embargo, aunque contribuya al problema relacional, *usted no causa la conducta dañina.* Busque responsabilidad en lugar de dar excusas o culpar.

Pídala. Eduque a la persona en cuanto a lo que significa apropiarse de su propia conducta y no se conforme con menos.

Remordimiento

El remordimiento es una buena señal. Es un lamento profundo por lo que aquel que siente el remordimiento le ha hecho. Expresar remordimiento demuestra amor e interés, y afirma que su experiencia es importante para la persona aun si resulta incómodo enfrentarlo. Indica que la persona tiene la capacidad de poner a un lado temporalmente su propia realidad y sentir empatía por lo que le ha sucedido a usted. Cualquier persona tiene que sentir remordimiento por lo que les hace a otros, tal como es útil que ella provoque también esa emoción en los demás.

Los sentimientos de remordimiento no son sentimientos de culpabilidad, aunque a menudo se confunden entre sí. La emoción de la culpa es una condenación propia por un mal hecho. Se orienta a uno mismo y nos ataca. Se refiere más al mundo interno de la persona que a la compasión de esa persona por usted. Imagínese que alguien importante para usted lo ha tratado mal. Entiende que ha hecho algo malo y está hablando con usted al respecto. ¿Cuál de estos dos enunciados preferiría oírle decir?

> *Culpa:* «Soy una persona muy horrible por lo que te hice. Y sigo haciéndolo una y otra vez, aunque sé portarme mejor. Simplemente no puedo dejarlo. ¿Qué anda mal en mí?».
>
> *Remordimiento:* «Lamento lo que te hice. Eso debe haberte dolido en realidad. ¿Podrías decirme algo más al respecto? No quiero volver a hacerte tal cosa nunca jamás».

Cuente las referencias personales aquí. En la declaración de culpa la mayoría de las referencias son al «yo». En la declaración de remordimiento hay muchas más referencias al «tú». La diferencia radica en las referencias a la otra parte. En una declaración saludable de remordimiento, la energía y el enfoque se centran más en la parte lesionada que en el transgresor. La misma transmite confort y empatía. En contraste, la declaración de culpa lo deja sintiéndose vacío, porque en realidad tiene poco que ver con usted.

Si la persona tiende más hacia la culpa que al remordimiento, sepa que esto no es de ninguna manera lo decisivo. ¡Por lo menos se siente mal en cuanto a algo! Incluso tal vez vea la diferencia cuando usted se la explica y pueda expresar remordimiento. Algunos simplemente no se dan cuenta de la diferencia. No obstante, por eso resulta importante tener algo en cuenta: *El remordimiento reduce las posibilidades de que el problema se repita. La culpa aumenta la probabilidad de que se repita.* Usted quiere abrir una nueva senda relacional, y eso exige tanto un cambio de corazón como un cambio de conducta. El remordimiento es una emoción transformacional. Ayuda a la persona a ver la gravedad de lo que le hizo a alguien por quien se interesa.

El remordimiento también es uno de los más significativos agentes de cambio que experimentamos en nuestra relación con Dios. La Biblia se refiere a la tristeza santa: «La tristeza que proviene de Dios produce el arrepentimiento que lleva a la salvación, de la cual no hay que arrepentirse, mientras que la tristeza del mundo produce la muerte» (2 Corintios 7:10). La culpa sin remordimiento simplemente castiga a la persona por su conducta. No hay experiencia transformacional en la relación. El ofensor sigue solo, aporreándose con su propio garrote. Por eso la culpa nunca sana un problema de carácter, ni una relación, ni una adicción, ni un alma.

Conducta cambiada

La confesión, la apropiación y el remordimiento proveen una evidencia poderosa de transformación en la otra persona.

Si estos cambios son auténticos, la persona de manera natural empieza a actuar de forma diferente. Simplemente, tiene sentido que usted se sienta más inclinado a cambiar cuando reconoce lo que ha hecho y se siente mal al respecto. Si estos tres factores escasean, usted corre el riesgo de que alguien cambie porque no quiere que lo pillen, o desea que usted deje de hostigarlo, o quiere que siga con él o ella. Ese cambio externo, dócil, y a menudo a regañadientes, nunca es permanente. Se trata meramente de una mejoría superficial en un problema más hondo, y usted no tiene la seguridad de que puede confiar en la conducta de la persona.

Así que es mejor buscar y esperar una auténtica transformación de la conducta. Sin embargo, a veces eso no sucede. Por ejemplo, él puede distraerse por un problema en el trabajo u otra relación personal. Ella no sabe cómo cambiar, así que no lo hace. O él no tiene los recursos para cambiar ahora mismo. Con todo, usted necesita mantener la expectativa de cambio en la relación personal.

Al buscar evidencia para una conducta cambiada, hay tres cosas que se deben tener presentes: un cambio en las conductas que se enfocan, un cambio en las conductas que impulsan más cambio, y un cambio sostenido.

Un cambio en las conductas que se enfocan. Las conductas que se enfocan son acciones específicas que deben empezar o terminarse. Es decir, para demostrar un cambio la persona debe empezar a hacer lo bueno que falta o dejar de hacer lo dañino que está presente. Una conducta buena deseable puede ser tomar la iniciativa de conectarse, decir la verdad o ser confiable.

Descontinuar una conducta dañina puede significar dejar de usar un lenguaje insultante, renunciar a las aventuras sexuales, o abandonar una drogadicción. Un cambio de corazón debe ir acompañado por un cambio en la acción. Si la persona no tiene en claro lo que necesita cambiar, asuma la responsabilidad y exprésele lo que necesita. Y sea específico:

- Necesito que veas a un consejero financiero dentro de las próximas dos semanas.
- Necesito que llegues temprano y muy bien preparado para toda reunión en los próximos treinta días.
- Necesito que nunca me vuelvas a gritar.

Las declaraciones vagas: *Necesito que te portes mejor, que te organices, que cambies de actitud,* no lo llevarán a donde quiere ir.

Un cambio en las conductas que impulsan más cambio. Hay ocasiones en que un individuo tal vez no pueda cambiar de inmediato su conducta. Y esto pudiera no ser una cuestión de decisión, sino de algo más hondo que está impulsando su comportamiento. En otras palabras, la conducta problema puede en realidad ser un síntoma de un asunto más profundo. La adicción es un ejemplo. Por cuenta propia, el adicto tal vez no esté capacitado para dejar de ingerir el fármaco que está usando, pero con todo es capaz de mostrar otras conductas que lo pueden ayudar. Puede orar y pedir la dirección de Dios. Puede asistir a una iglesia que ayuda a personas con adicciones. Puede asistir a un grupo de doce pasos. Puede ver a un terapeuta y asistir a un grupo de respaldo.

De la misma manera, si la persona muestra señales en su vida de que toma en serio el hecho de dejar las conductas que dañan la relación, pero *su propia dedicación y fuerza de voluntad no funcionan,* muéstrele gracia y ayúdela a buscar los recursos que la ayudarán a cambiar. Esto no quiere decir que usted va a tolerar el maltrato, las adicciones o las mentiras. Estas son cuestiones en las que la tolerancia es cero. Mantenga sus límites protectores: mientras más severa sea la conducta, más estrictos deben ser los límites. No se ponga en riesgo debido a que la persona, aunque en verdad sienta remordimiento, no está buscando ayuda. No se ayuda a nadie de esta manera. Cuando sea un asunto de que *no puede* en lugar de que *no quiere,* haga todo lo posible por alguien que en verdad desea cambiar.

Cambio sostenido. Si ha atravesado tiempos difíciles con una persona, usted quiere que la conducta problema cambie con el tiempo. Esperamos que para siempre. Casi toda persona puede cambiar una conducta a corto plazo. Esto se llama portarse bien, y todos aprendemos a hacerlo en la escuela: mantén la conducta bajo control y evítate problemas. No obstante, a fin de hacerse vulnerable a alguien, necesita saber que el cambio se sostendrá por días, lo que lleva a semanas, meses y años. Entonces puede gradualmente confiar de nuevo.

Sea paciente con el proceso, la persona y usted mismo. Deje que el tiempo pase antes de abrirse por completo y ser vulnerable. Cuando permite que el proceso de crecimiento y cambio eche raíz por dentro, usted y el otro pueden observar lo que está pasando. La Biblia dice: «No te apresures a imponerle las manos a nadie» (1 Timoteo 5:22), y eso alude a la sabiduría de tener cuidado cuando se hace un compromiso con otra persona. Permita que pase algún tiempo. Dígale a la persona que el cambio sostenido por algún tiempo es importante para usted. Observe su conducta durante diferentes temporadas de la vida: cuando ella está bajo estrés; cuando los dos discrepan; cuando él está con su familia; cuando ella está cansada; cuando usted está bajo tensión. Esto es parte de la debida diligencia para determinar si una persona ha cambiado en verdad.

Vi un buen ejemplo de esto en una familia con la que tengo una buena amistad. El hijo adulto tenía el problema de que gastaba sin control y dependía de sus padres para que lo rescataran. Ellos estaban constantemente ayudándole con el arriendo, la gasolina, y dándole dinero para las diversiones. Él trabajaba y ganaba su sueldo, pero no se afanaba mucho… ¡y gastaba como si trabajara bastante! Tenía muchas excusas, todas las cuales eran muy débiles. Sus padres se sentían destrozados entre su deseo de mostrarle cariño y la realidad de que estaban fomentando su conducta. Sin saber qué hacer como siguiente paso, me pidieron ayuda. Así que todos nos reunimos.

Después de oír la perspectiva de cada uno, le dije al hijo adulto: «Recomiendo que tus padres dejen de pagar cualquier cosa por ti durante los próximos treinta días. Tienes ese plazo para ordenar tu vida. Sé que esto implicará un ajuste para ti, pero quiero que reconozcas que los estás lastimando, tanto en términos de sus propios recursos financieros como con tu expectativa de que ellos asuman la responsabilidad por ti. Esa no es manera de tratar a quienes te han dado tanto».

Pensé que él se iba a desquitar conmigo, pero más bien asumió el papel de adulto y señaló: «Está bien. Es tiempo de que haga esto. Lo he sabido todo el tiempo. No pienso que podría enfrentar la desilusión que sienten con respecto a mí. Ellos están casi tan desilusionados conmigo como yo lo estoy de mí mismo».

Me conmovió su franqueza y vulnerabilidad. Y también a sus padres. Así que pusimos el plan en acción. Lo difícil vino unos pocos meses más tarde, cuando sus padres tuvieron que ver cómo él se mudaba a un departamento más modesto y vendía su automóvil. Sin embargo, ellos se mantuvieron firmes. Y él se abstuvo de pedirles dinero. Su conducta en verdad cambió con el tiempo. Ahora sus padres saben que pueden confiar en él, y por una buena razón. Habiendo visto cómo actúa en los tiempos difíciles, yo mismo también confiaría en él.

Usted no quiere simplemente ver una mejoría; desea ver transformación. Se trata de una manera nueva por completo de vivir y hacer elecciones. La confesión, la apropiación, el remordimiento y el cambio son elementos que puede utilizar para aprender a confiar de nuevo en alguien.

La calle de doble vía

El restablecimiento de la confianza es una calle de doble vía; requiere que ambos den y reciban. Reconozca su parte en la ruptura relacional asegurándose de que usted también participa en la confesión, la apropiación, el remordimiento y el cambio. Evite la dinámica del «chico bueno» y el «chico malo». Eso significa una pendiente resbaladiza hacia una actitud de juicio, una mentalidad de víctima y orgullo. Incluso si sus contribuciones a los problemas relacionales son menos severas, haga su parte. Trabaje igual de duro en sí mismo, como quiere que la persona trabaje en ella misma. El que comete una falta leve debe tomar esto tan en serio como el que comete un crimen.

La necesidad de una transformación auténtica es algo que va más allá de una relación problemática. Tiene que ver con la forma en que conducimos nuestras vidas y todas nuestras relaciones personales. Los elementos necesarios para el cambio son las reglas de Dios para la salud y el éxito en la vida. Aun si usted y la otra persona no resuelven las dificultades por alguna razón, será más saludable, más pleno y más capaz de tener unas relaciones personales saludables en el futuro si honra estas cosas y las aplica en su propia vida.

PARTE 4

CÓMO AVANZAR EN LA RELACIÓN PERSONAL

Toda relación personal tiene tres componentes: yo, tú y nosotros. Si usted ha considerado los asuntos relacionados con el «Yo» en la Parte 2, así como los asuntos que se refieren al «Tú» en la Parte 3, y siente que tiene luz verde para avanzar en la relación personal, está listo para interactuar con los principios concernientes al «Nosotros» en la Parte 4. Estos principios requieren que ambos de ustedes se convenzan de la idea de que van a empezar a moverse más allá de los límites protectores hacia una conexión más profunda y vulnerable.

Estas pautas se aplican a cualquier relación personal: un esposo o esposa, una relación de cortejo, un pariente, un amigo o un colega. Tranquilícese. No debe haber prisa aquí. Usted ha hecho demasiado trabajo como para que las cosas se descarrilen en este punto. Sin embargo, conforme el proceso funciona, descubrirá que los dos experimentan lo que han querido todo el tiempo: una conexión segura, duradera, y que ayuda a los dos a llegar a ser mejores personas.

18

La conversación que deben tener

«Tenemos que hablar».

¿Qué es lo primero que viene a su mente cuando oye esas palabras? ¿Unas vacaciones? ¿Una promoción? ¿Un tiempo de afirmación? No, nunca. Esta frase conlleva un problema, y casi siempre un problema de relaciones personales.

La conversación...

Alguien piensa que usted ha sido egoísta, o no se ha comprometido con la relación personal o contribuido a ella, o la escuela lo ha llamado con respecto a la conducta de su hijo. Si está en el extremo recibidor de esta declaración, lo más probable es que usted sentirá algo de recelo y ansiedad. Usted batallará bien sea para evadir la charla o para acabarla rápido. Alguien más va a decirle qué ha salido mal y lo que piensa que usted tiene que hacer al respecto. Eso produce alienación en y por sí mismo. Se ve como algo paternal y controlador. Tendemos a resistirnos y empecinarnos a fin de luchar contra lo que sea que pueda venir luego.

Si usted es la persona que pronuncia esta frase, deténgase y nunca más la vuelva a decir. (De hecho, nunca use la frase: «Tú tienes que...» con otra persona tampoco. Más bien diga: «Yo necesito...»). Explicar lo que usted necesita es algo acertado y humilde. Incluso la frase «Tenemos que...» desvía el

225

enfoque de su propia necesidad y funciona como un enunciado antivulnerabilidad. Sin embargo, los enunciados «Yo...» no levantan ninguna barrera para impedir que el otro pueda recibir lo que usted va a decir.

«Yo necesito hablar» es lo mejor que se puede decir. Incluso así se provoca ansiedad en los otros. No obstante, debe acudir a la persona e iniciar la charla. Si usted quiere avanzar más allá de la autoprotección, debe traer a colación su relación personal y sus deseos, sugiriendo algunas reglas básicas. No quiero decir que esto sea un plan para la primera salida. El momento adecuado es cuando usted sabe que está listo (basado en los capítulos de la Parte 2), cuando la otra persona está lista (basado en los capítulos de la Parte 3), y cuando sabe que la relación personal está lista para dar el siguiente paso.

He aquí una regla básica para saber si la relación misma está lista para la conversación: Usted ha corrido algunos riesgos con el paso del tiempo y la persona se ha mostrado cálida y sincera en respuesta. Usted tal vez admitió que no tiene una vida perfecta, reconoció sus luchas presentes y pasadas, o mencionó algunas de sus propias inseguridades y puntos débiles. Es importante avanzar lentamente con estas revelaciones y no describirlas con profundidad ni demasiado pronto. Simplemente está viendo cómo la otra persona responde.

Si la persona se echa para atrás, se siente incómoda o muestra que los problemas y luchas no son algo con lo que quiere lidiar, esto puede indicar, o tal vez no, que es la persona equivocada para usted. Tal vez usted simplemente ha revelado demasiado para el punto en que se halla la relación. La conversación es una manera de ver si el nivel de interés de la otra persona se iguala al suyo, así como de tener claro cómo los dos pueden disfrutar de la relación personal, abrirse el uno al otro, y entender las dificultades.

Cómo tener la conversación

La conversación tiene varios aspectos en sí que producen una estructura y una agenda. Usted es el que está tomando la iniciativa, ya que desea asegurarse de que las cosas estén lo más claras posibles entre ambos. Al repasar estos aspectos, piense en su propia situación individual y ajústela a la estructura.

Indique lo que usted valora y desea

La primera parte de la conversación consiste en ser directo y vulnerable sobre el hecho de que la persona es importante para usted. La valora. Se interesa por ella. Este es un primer paso esencial en todo tipo de relación personal: romántica, familiar, con los amigos o colegas. Usted no va a querer tener una charla si la persona no le importara. Cuando afirma lo que valora en la relación personal, comunica que la relación es significativa y que desea que los dos conversen al respecto. He aquí algunos ejemplos de afirmaciones de valor:

- Me intereso por ti y esta relación.
- Aprecio el talento que aportas a nuestra compañía.
- Eres importante para mí.
- Aunque las cosas han sido difíciles, estoy aquí para ti.
- Tú eres un buen amigo para mí.
- Me importas mucho.
- Todavía siento algo por ti, aunque nuestra historia ha sido difícil.
- Te amo.
- Valoro tus contribuciones a nuestra organización, y me gusta tenerte también como amigo.
- Eres especial para mí.
- Estoy enamorado de ti.

Declaraciones de valor, en especial de naturaleza vulnerable tales como estas, ayudan a aclarar la relación. Traen a la luz algo de lo que usted está seguro dentro de sí mismo, pero que la otra persona tal vez no sepa. De este modo, los dos sabrán lo que usted siente, y el otro tendrá la oportunidad de responder también con claridad. Ponga sus cartas sobre la mesa primero. No empiece pidiendo que la otra persona describa el estado de la relación. Eso es retención y control. Tome la iniciativa y asuma el riesgo. Usted es el que está leyendo este libro, el que desea proseguir con la otra persona, y el que está aprendiendo cómo avanzar más allá de los límites.

Luego pida una respuesta del otro. *¿Qué piensas? ¿Es aquí donde tú te encuentras también?* Si la otra persona se hace eco de su interés, usted puede avanzar. No obstante, suponga que interpretó mal las señales en el camino. El otro está dando una voltereta interna hacia atrás mientras lo escucha, no se dio cuenta de que usted se sentía como se siente, y no se encuentra listo para ahondar más en la relación personal. Si ese es el caso, hágale frente. Puede tratarse de una conversación breve y difícil, pero usted con certeza quiere tenerla… por su propia seguridad y para proteger la inversión de tiempo y energía que hace en la relación personal.

Sin embargo, suponga que la otra persona se interesa e interactúa. ¿Entonces, qué? El próximo paso es hacer una declaración de su deseo, decir lo que usted quiere en la relación personal. En tanto que las afirmaciones de valor tienen que ver con dónde está usted ahora en sus sentimientos por la persona, el deseo tiene que ver con el futuro. Se relaciona con la senda que tienen por delante y lo que a usted le gustaría ver. Puede incluso ser que no esté buscando ningún cambio serio, tal como el matrimonio o desarrollar una sociedad. Puede ser sencillamente que desee que las cosas se profundicen entre ustedes, porque considera que tienen mucho potencial. He aquí algunos ejemplos de declaraciones de deseo:

- Me gustaría que pasáramos más tiempo juntos.
- Me gustaría que nos reuniéramos con cierta regularidad.
- Me gustaría que lo intentáramos de nuevo.
- Me gustaría conocerte mejor.
- Me gustaría que fuéramos más abiertos y vulnerables el uno con el otro.

- Me gustaría intentar la relación de nuevo y reconciliar nuestras diferencias.
- Me gustaría salir contigo exclusivamente.

Indicar su deseo constituye un paso nuevo y más difícil hacia el riesgo. Resulta más difícil que hacer una declaración de valor, porque la mayoría de las veces usted puede discernir que hay algo de simpatía entre ambos y que no están en una onda totalmente diferente. Sin embargo, la mayoría de las personas están mucho menos seguras de lo que pudiera suceder cuando lo que desean está sobre el tapete. Al mismo tiempo, la otra persona probablemente sabe que no se están reuniendo para terminar la relación personal, así que es muy probable que todo esto no sea una sorpresa total. Con todo, en realidad usted no puede predecir la respuesta de alguien, y la otra persona siempre es libre de decir que quiere o que no quiere seguir adelante. Si eso es todo lo que resulta de la conversación, aun así usted ha conseguido algo bueno. La realidad de la respuesta de la otra persona le dice con certeza dónde están o no están las cosas.

No obstante, suponga que obtiene luz verde... ¿entonces, qué?

Indique su preocupación

La conversación no implica solo vino y rosas; hay que reconocer las espinas. Usted hace esto cuando indica su preocupación con respecto a la relación personal. Su inquietud en cuanto a la vulnerabilidad y la confianza —debido a heridas relacionales previas— debe llegar a ser parte de la nueva relación, o de la nueva temporada en una relación personal existente. Aquí es donde usted aplica los frenos en la conexión y le hace a la otra persona saber, desde su propio punto de vista, lo que ha sucedido, el impacto que ejerció en usted, y lo que le gustaría evitar en esta ocasión.

Indique lo que ha sucedido en el pasado y reconozca su parte en eso. Usted tuvo una relación estrecha y confió en que ambos podían ser muy sinceros el uno con el otro. No obstante, algo salió mal y se vio forzado a renunciar a ese tipo de franqueza y establecer algunos límites protectores. He aquí algunos ejemplos de este tipo de declaraciones:

- Tuve una relación personal pasada en la cual la confianza resultó traicionada. Permití que sucedieran cosas que no debería haber tolerado.
- Mi exnovio tenía problemas de control y yo no dije que no cuando debería haberlo dicho.
- Los problemas de comunicación que tuve contigo en la compañía fueron serios.
- Vengo de una familia que es bastante desapegada y fría. Son buenas personas, pero yo no rompí con ese estilo ni traté de ser más relacional.
- Tenía una buena amiga que fue mi confidente y se volvió contra mí. Ignoré las señales de advertencia y no le presté atención a la realidad.
- Parte de nuestra relación personal ha consistido en tratar con tu egocentrismo. De mi parte, quiero reconocer que yo también he sido egoísta y me he enojado contigo.
- Cuando vivías con tu madre y conmigo, tu uso de drogas nos asustaba. Discutíamos en cuanto a si ayudarte o juzgarte.
- Sufrí maltrato en mi matrimonio previo. Yo era tan dependiente que lo soporté.

Estas declaraciones reconocen su historia y su trasfondo. Pronunciarlas establece los hechos con respecto a su historial relacional. No es una cuestión de describirse como víctima o culpar a otros. Tampoco está diciendo que estas luchas son problemas o cargas de la persona presente. Le pertenecen a usted, de modo que asume la responsabilidad por su papel y su contribución a tales dificultades. La idea aquí es que usted adopta una posición de adulto en la conversación: *Quiero que conozcas mi pasado relacional, porque no deseo que sea un obstáculo entre tú y yo.*

Diga lo que no quiere que suceda en el futuro. En esto reside la esencia de su preocupación. Usted quiere correr riesgos con esta persona. Ha trabajado en sí mismo y observado al otro también. Se siente razonablemente seguro de que se trata de un riesgo manejable y no resulta peligroso. Con eso dicho, desea que ambos avancen en la conexión teniendo algo de precaución. Es algo así como la primera vez que va a trotar después de recuperarse de una lesión en la pierna. Luego del descanso y la rehabilitación, el terapeuta físico considera que usted está listo para salir de nuevo. Al dar ese primer paso —no un paso de los que se dan al andar, sino del tipo de los que damos al correr, cuando afincamos todo el peso y la fuerza en la pierna— no puede evitar vacilar un poco al principio. Usted no se relaja por completo hasta que ha avanzado lo suficiente sin un dolor penetrante como para saber que está bien. La misma dinámica es cierta en su relación personal; necesita tener cuidado para saber que todo está bien. He aquí algunos ejemplos de lo que puede decir:

- No quiero que me lastimen a ese nivel de nuevo; no es bueno ni para mí ni para nosotros.
- Deseo hacer lo correcto, sin importar adónde eso conduzca. No quiero tener que lamentarlo.
- No quiero seguir teniendo contigo en la organización los mismos conflictos que hemos tenido.
- No quiero que me sorprenda alguna nueva información que debería haber sabido previamente.
- No quiero correr un riesgo si no piensas que nos acercamos a querer lo mismo para la relación personal.
- No quiero sincerarme contigo si tus antiguos patrones disfuncionales van a reaparecer.
- No quiero engañarme a mí mismo por ignorar alguna realidad que debería ver.

Este tipo de declaraciones de vulnerabilidad son admisiones. Está diciendo que la relación personal es lo suficiente importante para usted, que en realidad pudiera salir lastimado si se desarrolla y las cosas salen mal más adelante. Eso es franqueza, pero también constituye una advertencia. Es una alerta para la otra persona —en realidad, para ambos— de que esto no es un ejercicio espontáneo y despreocupado a fin de explorar una nueva posibilidad. Aunque usted quiere pasarla bien y arriesgarse, la realidad es que va a usar algo de discreción y discernimiento. Está dispuesto a arriesgarse, pero estará pensando al mismo tiempo en lo que está sucediendo.

En este punto sugiero unas pocas reglas básicas. Los ayudarán a ambos a continuar la exploración de la relación personal y los pondrán en sintonía en cuanto a cómo conducir el proceso.

Establezca las reglas básicas

Las reglas relacionales básicas son simples acuerdos esenciales entre ustedes que los ayudan a mantener la relación lo más saludable posible. Proveen una manera de que ambos monitoreen el proceso de acercamiento. Todas las relaciones personales necesitan reglas básicas de algún tipo. Pueden ser expresas o sobrentendidas, pero están allí. Por ejemplo, las familias tal vez necesiten reglas básicas sobre cómo conversar durante la cena: interesarse en la otra persona, no interrumpir, y hablar de lo que realmente importa, entre otras. Los matrimonios tal vez necesiten reglas básicas para las discusiones, tales como estar allí el uno para el otro, decir lo que se quiere y no se quiere, y escuchar el punto de vista del otro.

A fin de que una nueva relación personal tenga el mayor potencial para ayudarlos a avanzar más allá de los límites, sugiero mantener unas pocas reglas básicas sencillas. Ambos deben convenir con lo que sigue:

- *Hablaremos de «nosotros».* Formaremos el hábito de hablar sobre cómo está marchando la relación personal; haremos esto con cierta regularidad, y no simplemente en ocasiones o al azar.
- *Seremos francos y sinceros.* Haremos de la honradez y la vulnerabilidad una parte normal de la relación personal, en lugar de algo que evitamos.
- *Haremos preguntas.* Ambos somos libres para hacer y responder a preguntas. Si algo está pasando con respecto a lo cual uno de nosotros necesita aclaración, no interpretaremos las preguntas como falta de confianza.

Estas son reglas básicas que cualquiera puede seguir. Si alguien se siente incómodo con ellas, hay que hurgar más hondo. Mantenga directa la conversación sobre las reglas básicas y luego avancen. En especial los hombres a veces temen que una mujer no quiera hacer nada excepto procesar sentimientos y tener una relación personal las veinticuatro horas los siete días de la semana, mientras que ellos desean disfrutar de una buena comida o salir a trotar. Asegúrese de aclarar que no espera que la relación se limite al procesamiento del vínculo. Usted quiere una relación personal completa, que incluye muchas cosas aparte de las conversaciones en cuanto a «nosotros»: diversión, trabajo, relajamiento, una vida social, pasatiempos, una vida espiritual, ejercicio, el paquete entero.

En la mayoría de las relaciones personales el mantenimiento del compromiso con las reglas básicas debe consumir una parte menor del tiempo y la energía que pasan juntos. De hecho, las mismas conversaciones pueden ser tan breves como de diez minutos... o pueden llevar varias horas. Sea cual sea el largo de la conversación, ustedes necesitan reglas básicas. *En medio de todo lo bueno que están esperando, desean disfrutar de una conexión creciente en un contexto seguro.* Usted no quiere repetir la herida en el mismo punto por dentro. Eso es inaceptable. Así que todo lo que en realidad está diciendo es que participa del juego y está comprometido por completo, pero quiere prestarle atención a un antiguo problema conforme llegan a conocerse el uno al otro.

Pregunte si hay convenio

Pregunte si hay convenio: «¿Estás de acuerdo con todo esto?». Ese es otro acto de vulnerabilidad. Tener la conversación y establecer reglas básicas no es cuestión de simplemente sincerarse, contarle a la otra persona su pasado, y luego dejarlo todo así diciéndole: «Simplemente quería que lo supieras». Usted tiene que avanzar más allá de eso. Está exponiendo sus deseos, pero la otra persona tiene todo derecho a decir que no los comparte: no quiere hablar de estos asuntos, no tiene el mismo nivel de interés, o se siente incómodo con el estado de la relación personal.

¿Suponga que la persona no concuerda con las reglas básicas? ¿Qué dice eso en cuanto a la relación personal? ¿Es tiempo de avanzar? No, no lo es. Yo no favorezco tener una reacción irreflexiva, darse por vencido y avanzar. Ese tipo de respuesta es la forma de responder a un dolor o una incomodidad, en lugar de a la falta de disposición de una persona a convenir con nuestras reglas básicas. Y no es la forma en que Dios actúa con nosotros cuando no convenimos con sus reglas básicas: «Más bien, él tiene paciencia con ustedes, porque no quiere que nadie perezca sino que todos se arrepientan» (2 Pedro 3:9).

Sea paciente. Disfrute de la relación personal. Puede ser que la otra persona, en cierto momento, tendrá ese tipo de relación que usted ha descrito. Recuerde que hay algunas personas con muchas cualidades cuya experiencia en cuestiones relacionales profundas o con respecto a superar conflictos relacionales puede ser limitada. Tal vez sientan que están en un mundo que les resulta extraño. El universo que conocen abarca una vida familiar normal con partidos deportivos y parrilladas, sus negocios y carreras, una noche para salir, la iglesia, la teología, el servicio y los pasatiempos. Tal vez no les haya tocado experimentar un problema relacional significativo o alguna dificultad con su familia de origen. No obstante, he descubierto que incluso si tal cosa no forma parte del repertorio de la persona, algo dentro de ella bien sea la hará acercarse o la alejará de usted, y eso es lo importante.

Un ejecutivo en el programa de entrenamiento resultó ser así. No tenía experiencia para hablar de asuntos emocionales o relacionales. No era su culpa, ya que simplemente no tenía ningún marco de referencia para ese tipo de interacciones. Cuando las personas de su equipo revelaron preocupaciones personales y con respecto a la vulnerabilidad, su respuesta se asemejó a la de «un venado encandilado por los faros»: su falta de familiaridad con las reglas de interacción lo hizo sentir paralizado por el temor. Sin embargo, se aventuró. Sabía que tenía cosas que decir, sentir y enfrentar, y avanzó hacia los niveles relacionales más profundos. Se sintió convencido, y en el camino descubrió algunas cuestiones emocionales que le habían impedido ser más franco.

Mi consejo es que no avance demasiado rápido con la otra persona, pero tampoco con mucha vacilación. No fuerce el proceso. Dese a usted mismo, a la relación y a la otra persona tiempo y espacio para que las cosas se desarrollen y profundicen.

La conversación es importante. Asuma la responsabilidad de determinar cuándo es el momento adecuado. Si usted y la otra persona están en el lugar apropiado, con mayor probabilidad la respuesta les agradará. Todos necesitamos conexión, y todos necesitamos reglas básicas. Una vez que han llevado a cabo la conversación, están listos para ponerla en práctica y disfrutar de la relación a un nivel de confianza que funcionará para ambos.

19

Corran el riesgo

Me encontraba trabajando con una pareja que estaba tratando de conectarse a un nivel más saludable. Luis y Carmen habían estado casados por más de quince años y el matrimonio era estable, pero querían más, en especial cuando vieron que se acercaban los años del nido vacío. Mientras trabajábamos, resultó evidente para mí que Luis se sentía inseguro como proveedor. Tenían un matrimonio tradicional, en el cual él era principalmente quien ganaba el pan, aunque Carmen también trabajaba. No obstante, él asumió el papel de cerciorarse de que la familia tuviera seguridad financiera. Como gerente en una empresa al por menor, tenía buenos ingresos y era una persona competente. Sin embargo, Carmen había venido de una familia acomodada y tuvo que ajustarse a un nivel diferente de vida. Nunca habían tenido conversaciones vulnerables con respecto a esta dinámica en el matrimonio. Lo más lejos que habían avanzado era cuando ocasionalmente se animaban el uno al otro diciendo que esta discrepancia en realidad no importaba, ya que tenían muchas otras cosas buenas a su favor.

Con todo, en nuestro tiempo juntos Luis con frecuencia decía cosas de improviso como: «Yo trabajo lo más duro que puedo; espero que eso baste» y «Sé que no ha sido fácil para ella ajustarse». Estas declaraciones parecían salir de la nada. Cuando no parece que haya un contexto lógico para declaraciones como estas, a menudo es una señal de que algo emocionalmente significativo está obrando, a lo que hay que prestarle atención.

—¿Quieres decirle lo inseguro que te sientes como proveedor y cuánto temes que ella esté desilusionada con tu situación financiera? —le pregunté.

—No es muy malo. Ella siempre me ha respaldado. Parece que todo está bien —contestó él desviando un poco la conversación al principio.

—Luis, dile de qué tienes miedo —insistí.

Finalmente, Luis se volvió a Carmen y le dijo:

—Pienso que en efecto siento que no estoy ganando lo suficiente y que estás desilusionada de mí.

Obviamente, eso fue un riesgo para él. Ambos eran individuos orientados a lo positivo y tendían a ser algo cuidadosos el uno con el otro, sin querer herir los sentimientos de la otra persona. Así que decir esto no fue fácil para Luis. Observé a Carmen pensar un poco su respuesta.

—Ha sido duro. Me encanta lo que hemos construido, pero ha significado un ajuste a la forma en que crecí. No obstante, quiero que sepas que estoy muy orgullosa de cómo has provisto y no estoy desilusionada para nada de ti. Por nada renunciaría a lo que tenemos —dijo luego.

Luis se sintió aliviado, pero él quería asegurarse de las cosas.

—Eso en realidad ayuda, pero no sé cómo entenderlo cuando hablas de lo difícil que es luchar financieramente a veces. ¿Tiene esto que ver conmigo?

—Se trata de mí —dijo ella—, en realidad es así. Yo soy la que necesita ajustarse. Sinceramente soy un poco malcriada, pero quiero portarme mejor con respecto a esto. Sé lo duro que trabajas y lo bueno que eres en lo que haces. Si oyes que me quejo, nunca estoy quejándome contra ti.

El cambio en la cara de Luis fue innegable. Y la respuesta de Carmen era todo lo que él necesitaba para sentirse mejor en cuanto a sus logros profesionales. El resultado fue que esta conversación los impulsó a otras exploraciones sustanciales sobre cómo se sentían con respecto a sí mismos y el uno con el otro. Fue un momento decisivo para el nivel de intimidad mutua. Su experiencia ilustra lo útil que puede ser traer a colación una preocupación en una relación personal, y cómo el riesgo mismo es un propulsor hacia la intimidad.

Cómo correr el riesgo

Hablando en cuanto a las relaciones personales, ahora usted está en una etapa de desarrollo, un tipo de modalidad que implica salir de la zona de comodidad. Desea alejarse de la guardia protectora que necesitaba en un tiempo, y la relación personal en la cual está entrando puede ayudarle a aprender a confiar y vivir de nuevo más abiertamente. Correr riesgos es una parte necesaria del proceso, pero los riesgos que se corren en este punto no son riesgos serios. Este no es el momento de contarle a otra persona su experiencia o pensamiento más vulnerable, más aterrador. La relación personal —y la de ustedes dos individualmente— está siendo probada para ver si mejora conforme llegan a mostrar más lo que en verdad son. Usted está metiendo su dedo gordo, o tal vez todo el pie, en la piscina, pero este no es todavía el momento de zambullirse de cabeza. Sin embargo, es tiempo de intentar algo nuevo para ver qué sucede.

A continuación le presento un método para guiarlo a través del proceso de correr riesgo con la persona. Este es mesurado y lo ayudará a evaluar las posibilidades de la relación personal.

El objetivo del riesgo y la vulnerabilidad en su nueva relación personal. Correr riesgos y avanzar hacia la vulnerabilidad no quiere decir que usted de inmediato le cuenta a la otra persona todo detalle de lo que ha experimentado. A veces las personas tienen la impresión de que si no repiten todo detalle morboso, no están siendo en verdad francas y están retrayéndose. Esto no es necesariamente verdad.

Correr un riesgo no es sanar, y la sanidad no es un riesgo. Mantenga las dos cosas separadas. Si usted ha sido lastimado en una relación personal, probablemente necesitará sanar, pero eso vendrá en algún otro momento y a partir de algunas otras conversaciones. Pueden ser con Dios, un amigo, un grupo pequeño o un consejero. Es posible incluir los detalles de lo que sucedió a fin de concatenar las cosas, pero no haga de esta charla una charla de sanidad. Elimine la presión de ambos. El propósito es simplemente profundizar la conexión, no sanar a nadie.

Hace poco tuve una conversación en un avión con una mujer llamada Heather. Ella estaba en medio de una transición profesional y también luchando con algunas relaciones fundamentales: familia, novio y padres. Ninguna de sus relaciones personales estaba marchando bien, de modo que sentía una gran dosis de aislamiento, soledad, estrés y pérdida. Conforme Heather iba exponiéndome su vida, para mí fue claro que tan pronto como sus asuntos profesionales se estabilizaran, necesitaba buscar ayuda y una comunidad de algún tipo que la respaldara.

Notando que había algunos problemas significativos de confianza con su mamá que afectaban sus relaciones personales presentes, Heather preguntó: «Si me rodeo de unas cuantas personas saludables, ¿resolverá eso las dificultades con mi mamá?».

«Ayudará», dije, «pero probablemente no las resolverá. El tipo de problemas de confianza que has mencionado típicamente requiere el tratamiento especializado de un experto. Considéralo de esta manera: necesitas cirugía para reparar la herida de la confianza, y luego debes tener un estilo de vida que respalde tu buena salud».

Este es el equilibrio que usted también necesita establecer en su relación personal. Los amigos y amantes son para la intimidad y el crecimiento. El asesoramiento es para la reparación. Siempre habrá superposición, pero manténgalos diferenciados según sus propósitos.

Cuál podría ser el primer riesgo. El primer riesgo a correr debería relacionarse más con el presente que con el pasado. Es decir, necesita ser uno de esos riesgos «del momento» que tienen que ver con usted y la otra persona: un problema, un suceso o un patrón que le preocupa y la otra persona puede fácilmente identificar y entender, algo que ambos saben que está sucediendo entre los dos y tal vez ha tenido lugar en el pasado reciente. En tanto que este no es siempre el caso, resulta más natural simplemente pelar una capa de cebolla a la vez al avanzar por la vida con esa persona. He aquí algunos ejemplos:

- Me asustó cuando hablamos de que te distanciarías de mí.
- Cuando vi a todos los hombres que te miraban en la fiesta, me sentí algo inseguro.
- En realidad no tuve un buen día en el trabajo. Fue terrible, así que lamento ser un aguafiestas esta noche.
- Cuando empezaste a darme consejo en lugar de escuchar, sentí que estaba sola y me retraje un poco.
- En realidad eché a perder nuestra conversación anoche. Hice que fuera más una cuestión referente a mí que un asunto de nosotros.
- Me siento triste por los años que hemos perdido con nuestros problemas mutuos y quiero lo mejor para nosotros.
- Cuando te quedas callado, empiezo a preguntarme si estás encerrándote y dejándome fuera.
- Te eché de menos esta semana y pensé mucho en ti.
- Cuando te enfadas y críticas a nuestros hijos, me alejas como en otros días en el pasado.

A fin de hacer este tipo de declaraciones usted tiene que estar consciente de sí mismo y prestarle atención a sus pensamientos y sentimientos. Sin embargo, así es como las personas se aproximan. Le aseguro que si su relación personal se acerca en algo a lo normal, habrá amplias oportunidades para tener algo que decirse. Esto tal vez no sea una cosa que hace todos los días, pero la mayoría de las personas que están profundizando su vínculo tienen este tipo de conversación como una parte regular de la relación personal. Unas pocas veces a la semana no es demasiado, en tanto y en cuanto haya cosas reales con respecto a las cuales sincerarse y ambos estén en el proceso.

Sea natural cuando trae a colación esto. Usted quiere que la vulnerabilidad sea una parte integral del todo en su relación personal. Si es apropiado el momento, mientras más pronto mejor. Si están solos mientras cenan, eso es bueno. Si se encuentran en una fiesta o viendo una película con amigos, probablemente no. No obstante, tráigalo a colación de la manera en que lo describí en los ejemplos anteriores. Ustedes están desarrollando una parte de la relación personal, un conjunto de destrezas del lenguaje para una conversación más profunda del uno hacia el otro. No encierre el acontecimiento entre comillas diciendo: «Ahora quiero ser vulnerable contigo». Eso lo saca de la categoría de «una parte regular de la relación personal» y puede parecer como un ejercicio forzado de galimatías psicológicas.

Pida una respuesta. Una declaración vulnerable por lo general necesita una respuesta. No es divertido quedarse en el aire después de haber corrido un riesgo relacional. Por lo general, necesita alguna expresión de empatía, interés, seguridad o comprensión. La respuesta debe darle la idea de que usted está bien, la persona se encuentra de su lado y no alejándose, y el riesgo bien valió la pena.

Si la persona tiene la experiencia y la destreza necesarias para proveerle lo que usted necesita, eso es una ventaja, pero ese no siempre es el caso. Algunos hablan de sí mismos, esperando identificarse con usted. Otros no dicen nada, paralizados por la ansiedad de hacer o decir algo errado y que usted se desilusione. Algunos le ofrecen consejo y sabiduría cuando lo que usted quiere es que le aseguren que lo entienden. Algunos cambian el tema porque resulta incómodo. Otros tratan de alentarlo en vez de escuchar. Así que tal vez tenga que entrenar a sus amigos un poco y asumir la responsabilidad de obtener la respuesta que necesita. He aquí unos cuantos buenos ejemplos de lo que significa responder a una declaración de vulnerabilidad:

- Sé que tenías miedo de que yo pudiera alejarme de ti, pero sucedió lo opuesto. Después que hablamos, me sentí mucho mejor con respecto a nosotros y más cerca de ti.
- Me alegro de que pensaras que otros se interesaron en mí, pero no tienes que preocuparte por eso.
- Lamento que tuviste un día terrible. Cuéntame, ¿qué sucedió?
- Siento mucho haberte dado consejos en vez de escuchar; todavía estoy luchando con mi hábito de hacer eso. No quiero que te sientas solo conmigo.
- Cuando hiciste que la conversación girara alrededor de ti, no fue nada divertido. Pero ayuda que lo reconozcas sin que te lo diga. Eso significa mucho.
- Tienes una buena razón para sentirte triste por el tiempo que hemos perdido. Yo he tenido gran responsabilidad en eso y también quiero una nueva vida para nosotros.
- No, yo no me estaba encerrando. Simplemente me quedé quieto y pensando en lo que dijiste. Pero házmelo saber siempre que no estés segura.
- Yo también te eché de menos. En realidad estás llegando a ser importante para mí.
- Lamento que me enfadara y criticara. Gracias por decirme cómo eso te impactó. En verdad quiero cambiar esta conducta. Sé que te lastimó, y estoy dando muchos pasos para remediarlo.

Consideren lo que están construyendo. Ustedes están llevando a cabo conversaciones buenas y saludables. Estas no tienen que ser largas o complicadas. Están llegando a lo que es importante de modo que ambos tengan un lenguaje para avanzar más y experiencias con las cuales ambos pueden identificarse.

Cómo resumirlo

Veamos todo lo que esta conversación ha hecho por ustedes y a dónde los llevará a ambos. Este es un resumen de lo que espero que pueda suceder entre los dos:

1. Tienen una experiencia emocional dentro de la relación personal.
2. Llegan a ser vulnerables y permiten que el otro lo sepa.
3. La persona responde de una manera cálida.
4. La relación se vuelve más íntima y profunda.

Estas cuatro cosas pueden suceder una y otra vez entre ustedes. Si todo marcha bien, están en camino para avanzar más allá de los límites.

Con todo, si fuera posible correr riesgos y ser vulnerable —e ir más allá de los límites— aprendiendo algunos principios y memorizándolos, ya lo habríamos hecho a estas alturas. Sin embargo, eso nunca basta. A la cabeza debe seguirle el corazón. Si alguien hubiera podido lograr con éxito ser una «persona de buena cabeza», habría sido el apóstol Pablo, un hombre altamente educado. No obstante, en la prisión buscó a sus amigos y se refirió a cómo había interiorizado su relación con ellos: «Es justo que yo piense así de todos ustedes porque los llevo a en el corazón» (Filipenses 1:7).

Ese es el proceso. Mientras mejor respuesta a los riesgos, más seguridad. Mientras más seguridad, más fácil es pelar la siguiente capa de la cebolla. Y esto funciona en las relaciones recientes o las que ya han existido por décadas. Una pareja que había estado casada por treinta años me dijo: «Nos sentamos toda la noche hablando el uno con el otro a un nivel que nunca antes lo habíamos hecho». Con toda honestidad, puedo decirles que funciona. Y pienso que puede resultar también para usted.

20

Lidien con los escollos

Dan y Cloe son como muchas parejas a las que he asesorado con el paso de los años que luchan con problemas de comunicación y dependencia. Les iba bien mientras aprendían sobre su relación personal, pero Dan también tiene una tendencia al superdesempeño. Llevaba todo a lo máximo. Cuando fue claro que no había estado escuchando a la vulnerabilidad de Cloe, se propuso en serio cambiar. Entendió que tendía a marginar los sentimientos de ella como debilidad o sensibilidad exagerada. Por ejemplo, cuando Cloe indicaba que había tenido un día difícil en el trabajo y con los hijos, él típicamente comentaba algo como esto: «Sí, pero todo acabó bien, y tú eres una gran mamá y gran persona».

Dan pensaba que se estaba anotando un jonrón al tratar de ser positivo, pero le expliqué que estaba errando el punto. «Tienes que tomar en serio las experiencias de ella», le dije, «aun cuando no sean tus sentimientos o aunque no estés de acuerdo con lo que está pasando. Esto se llama *validación*. Cuando afirmas las experiencias de Cloe, las válidas; comunicas que son importantes para ti».

En una de las sesiones subsiguientes, Cloe mencionó una noche que ella y Dan habían pasado con los padres de él. «No es gran cosa», dijo ella, «pero me dejaste fuera y pasaste todo el tiempo hablando con tus padres sobre tu trabajo y lo que está teniendo lugar en tu carrera».

Le pregunté a Dan cuál era su respuesta. Para crédito suyo, no se puso a la defensiva ni marginó las experiencias de ella afirmando que estaba siendo demasiado sensible. Más bien, dijo: «No puedo creer que lo hiciera de nuevo. ¡Debes haber quedado devastada! ¡Lo lamento!». Exageró un poco, pero eso fue mejor que restarle importancia a estas alturas.

Cloe se quedó como aturdida, así que retomé la conversación. «En realidad estás esforzándote para oírla», dije. «Pero esto es simplemente un escollo. En verdad, no lo arruinaste».

Cloe afirmó esto cuando dijo: «Vamos, está bien; esto va en la dirección correcta. Gracias». Y eso fue todo lo que se necesitó para aclarar las cosas.

El tropiezo en la comunicación de la pareja fue un escollo. Fue parte de la curva de aprendizaje para avanzar más allá de los límites, y eso *siempre* hay que esperarlo. La vulnerabilidad, la confianza y el riesgo harán las cosas caóticas, y usted no siempre actuará de la forma correcta. A continuación le presento algunas cosas que hay que entender a fin de que los escollos no se vuelvan obstáculos serios en su relación personal.

Perspectiva

Mantenga la perspectiva correcta en su relación personal dando un vistazo a largo plazo. Si la persona simplemente no lo comprende, o no entiende lo que usted necesita oír, o la conducta que necesita ver, no se afane. Se trata de un resbalón y no de un descarrilamiento.

El amor y las relaciones personales tienen que entrar en una curva de aprendizaje conforme las personas profundizan el uno con respecto al otro. Conceda un espacio generoso para que los dos aprendan cómo entenderse mutuamente. A veces un individuo que ha enfrentado problemas de confianza, sin darse cuenta de que lo hace, espera que el otro le lea el pensamiento. Así que cuando alguien dice X y la respuesta del otro no es la que se necesitaba, la persona va a sentir que no la quieren o no se conectan. Es como si la relación personal fuera un tablero de dardos y se esperara que el otro diera en pleno blanco. Ni siquiera el más grande psicólogo del mundo puede dar en el mismo centro del blanco cada vez.

Esta dinámica por lo general tiene que ver con el patrón de larga duración de no haber sido entendido por otro en muchos años. La persona empieza a retraerse en la relación y revierte al antiguo deseo de la infancia de que alguien la entienda sin tener que explicarse, de la misma manera que un buen padre entiende las expresiones faciales, los tonos y el lenguaje corporal del hijo a un nivel intuitivo profundo. A menudo hace esto porque se resiste a correr riesgos y creer en alguna medida: *Si él me ama, se imaginará lo que estoy sintiendo sin que tenga que decirle lo que necesito.*

Un terapeuta experto puede ayudar con esta dinámica, pero resulta irreal esperar esto de alguien en la vida real. Así que olvídese del blanco. Busque interés, preocupación y esfuerzo. Esto le será de provecho. Y comprenda cómo se ve el asunto desde la perspectiva del otro. Probablemente a usted le gustaría tener alguna dirección y ayuda de la otra persona en cuanto a lo que necesita para no pasar horas sin fin tratando de imaginar las palabras mágicas de empatía que la harán sentir apreciada.

Cuando alguien parece que no lo entiende pero está haciendo el esfuerzo, hablando técnicamente, eso es un fallo en la empatía. Sin embargo, un fallo en la empatía no es una lesión emocional. Puede avivar una o recordársela, pero se trata de un problema de comunicación, no de una herida psicológica. Esto ayuda a mantener el asunto en perspectiva. Si halla que los escollos con que el otro anda de aquí para allá le impactan a un nivel más profundo y no puede quitárselos de encima, probablemente es una señal de que usted necesita que un experto lo ayude con esto a fin de que pueda eliminar la presión tanto sobre usted como sobre la otra persona.

Sin embargo, recuerde que si ustedes están atravesando serios problemas —lo que sugiere que la persona tiene algunas cuestiones de carácter, adicciones o tendencias engañosas—eso es un asunto diferente. No se trata de un escollo. Y puede ser dañino para usted y poner en peligro la relación personal. Si eso sucede, tiene que ocuparse de ello y confrontarlo. Dígale a la persona lo que sucedió, que usted se preocupa y que las cosas deben cambiar. Mantenga en su lugar los límites protectores. Incluso tal vez necesite decirle a la persona que a fin de que las cosas avancen más, usted tiene que saber que ella está recibiendo ayuda de una fuente profesional. Cuidar su corazón, aun cuando esté procurando abrirse más, es una tarea de toda la vida.

Los escollos más comunes

Mientras más informado esté usted sobre los escollos, más capaz será de lidiar con ellos de manera exitosa. Hay algunas clases típicas que, una vez que las entienda, cubrirán la mayoría de los obstáculos que encontrará. He aquí algunas de las cosas que pueden suceder entre usted y la otra persona, y lo que puede hacer al respecto.

Comunicación fallida

El otro no entiende lo que está pasando en usted y la respuesta en el ciclo de vulnerabilidad no marcha bien. Aquí no hay chico malo. De hecho, ni siquiera diga nada al respecto; simplemente exprese lo que está indicando de una manera diferente que pudiera resultar más clara para la otra persona. Asuma la responsabilidad por la forma en que se está comunicando. Por ejemplo: «No, el problema no fue que yo no hubiera preparado la presentación. Simplemente tenía miedo de parecer tonto». Luego pregunte: «¿Tiene eso sentido?». Volver a decir las cosas de una manera nueva a menudo permite que el otro responda con mayor comprensión. Si la comunicación es un fracaso una y otra vez, quizás necesite conseguir ayuda con respecto a eso. El libro *Getting the Love*

You Want [Cómo obtener el amor que quiere] de Harville Hendrix tiene muchas ideas en cuanto a buenas destrezas para este problema[11].

Disparadores inocentes

A veces una persona accidentalmente dice o hace algo que dispara una vieja herida del pasado. Si esta es una relación personal nueva, la reacción puede deberse a una conexión previa, su familia de origen, o ambas cosas. Si se trata de una relación existente que usted está tratando de reconstruir, puede ser algo que la persona dijo o hizo que recuerda la manera insalubre en que se relacionaron en el pasado.

Por ejemplo, un amigo mío estaba saliendo con una mujer encantadora y me gustaba mucho verlos juntos; pensaba que serían una buena pareja. Sin embargo, su novia previa había criticado fuertemente casi todo en él: su ropa, sus amigos, sus hábitos y su forma de hablar. No fue una situación buena. A duras penas sobrevivió a esa relación personal. La nueva novia no era así en lo absoluto, pero cuando ella hizo una declaración directa y apropiada, él se puso a la defensiva y sintió que lo estaba atacando. Si ella decía: «No me gustó la película», y era una película que él había escogido, pensaba que el comentario era una acusación de fracaso.

En situaciones como estas parece como si una persona fuera un campo minado. Cuando el otro inocentemente pisa heridas enterradas, la persona tipo campo minado estalla en temor, retirada o enojo. Si esto sucede y es en usted que se disparó el asunto, no haga del otro el problema. Dígale que su posición defensiva o retirada se debe a lo que arrastra, pero que está decidido a resolverlo. Pida paciencia en este asunto que ambos quieren resolver.

Si es en la otra persona que se dispara, no reaccione. No explote ni se ponga a la defensiva. Manténgase presente para el otro, escúchelo, pregunte, compréndalo y muestre empatía: «Así que cuando dije que no me gustaba la película, ¿creíste que te estaba criticando? Eso está muy lejos de lo que estaba pensando». La mayoría de las veces, la persona en quien se disparó el asunto puede ver que no se trata de ustedes dos y es posible avanzar.

Curva de aprendizaje

Las destrezas para las relaciones personales maduras se aprenden con el tiempo. Incluso los que poseen grandiosas experiencias y capacidades relacionales tienen que aprender las particularidades del otro. Esta es una parte interesante de llegar a conocer a alguien, puesto que somos individuos complejos y singulares, rasgo por el cual alabamos a Dios. «¡Te alabo porque soy una creación admirable! ¡Tus obras son maravillosas, y esto lo sé muy bien!» (Salmo 139:14).

Suponga, por ejemplo, que su idea de relajarse al llegar a casa después de cenar con los amigos consiste en sentarse con su cónyuge y hablar de lo que notó y sucedió durante la cena. No obstante la idea de su cónyuge para relajarse pudiera ser apoltronarse frente al televisor, navegar por la Internet, o dar una caminata para aclararse algo la cabeza. Esa diferencia no tiene que ver con usted. Se trata simplemente de preferencias personales. Es un asunto de dos personas con diferentes estilos de aprendizaje que tienen que adaptarse a una relación personal.

Cuestiones de carácter

Las cuestiones de carácter a menudo son más serias que los escollos. Si son lo suficiente severas, pueden poner en peligro la relación personal. Una cuestión de carácter puede transformarse si la persona es sincera al respecto, demuestra un deseo de cambiar, y recibe ayuda de alguna fuente aparte de sí misma. Si esas cosas resultan evidentes, usted puede esperar de un modo razonable que haya un crecimiento personal y un cambio que con el tiempo permita que el amor y la vulnerabilidad tengan lugar.

Un ejecutivo que conozco casi echa al traste su matrimonio por una cuestión de carácter que no quería enfrentar. Él era financieramente irresponsable, al punto en que su familia casi pierde la casa. Su esposa estaba aterrada. Cuando ella se mostraba vulnerable en cuanto a sus temores, él se encolerizaba y la culpaba por el problema monetario, diciendo que si le brindara más respaldo le iría mejor financieramente. Señalé que en tanto él pudiera tener un argumento con respecto a la falta de respaldo de su esposa, ella no era perfecta. No obstante, también indiqué que la falta de respaldo de parte de ella no era una excusa para los problemas financieros de él. A esas alturas, el hombre me acusó de ponerme del lado de su esposa, y todo fue un caos por un tiempo.

Esta es una ilustración dolorosa de cómo el carácter es el más serio de los obstáculos. Si usted se percata de este problema, córtelo de raíz y no abandone el tema simplemente para mantener la paz. Las cuestiones de carácter nunca se mejoran cuando se las ignora.

Habiendo considerado algunas de las cosas más comunes que pueden salir mal, he aquí algunas pautas que pueden resultar determinantes cuando usted encuentra un escollo.

Habilidades para ayudarle a superar los escollos

Estas son unas pocas destrezas básicas que puede aprender y que lo harán avanzar una gran distancia en el camino a resolver los escollos. Si usted y esta persona van a estar juntos por largo tiempo, también podrá usar esto en el futuro cada vez que surja una desconexión. Tales habilidades le ayudarán a recalibrar la relación personal.

Hablen en cuanto a hablar

Los que quieren mejorar una relación personal a menudo hablan en cuanto a hablar. Es decir, traen a colación lo que ha sucedido y lo que salió mal en su experiencia y conciben soluciones. Estos son algunos ejemplos:

- ¿Recuerdas cuando dije que necesitaba espacio y que me escucharan, no soluciones y tareas asignadas? Sucedió de nuevo, así que arreglémoslo.
- No quiero que suene a niñería, pero he estado tratando de ser más sincero con respecto al problema que enfrento en el trabajo y todavía parece como si quisieras simplemente recibir buenas noticias. En realidad necesito que estés a mi lado en esto.
- Parece que te impacientas conmigo cuando quiero llegar a un nivel más hondo, como si tuviera que organizar mi vida. Esto es duro para mí. ¿En realidad te sientes así?
- Cuando traigo a colación los problemas que tuve con mi papá, desvías la mirada y empiezas a hablar de otra cosa. Esto es en realidad importante para mí. ¿Te sientes cómoda hablando de tal cosa? ¿Hay alguna manera en que pudiera hacerlo de manera diferente, o no quieres que hable contigo de este tema?

Juegue en el mismo equipo de la persona. Al responder, usted no debe dar ningún indicio de juicio o espíritu crítico. Está forjando una manera de conectarse, y nunca se olvide de que el «nosotros» viene primero. Usted quiere atraer a la persona al lenguaje vulnerable, superar un escollo y avanzar.

Reconozca que tal vez no está siendo claro o que quizás esto resulta nuevo para los dos. La vulnerabilidad funciona en ambos sentidos. Si la otra persona siente mucha presión en su desempeño para «captarlo como es debido», no podrá hablar de corazón. Y usted está buscando un vínculo de corazón a corazón; esa es toda la idea. He guiado a muchos esposos con respecto a cómo expresar empatía. Muchos de ellos no saben cómo decir lo debido de un modo espontáneo, así que les doy algunos ejemplos que espero se correspondan con lo que en realidad sienten hacia sus esposas. Declaraciones como estas son buenos ejemplos:

- Eso debe haber sido difícil.
- Cuéntame más.
- ¿Cómo te hizo sentir eso?
- Es muy duro. ¿Hay algo que yo pueda hacer para ayudar?

Estas son frases sencillas que decir y que transmiten comprensión y respaldo. Los hombres, siendo hombres, a menudo dicen: «Excelente idea», y las anotan a fin de recordarlas. El problema surge cuando recorren la lista y la recitan. La mayoría de las esposas lo captan en tres segundos, y entonces tiene lugar una charla sobre la charla en cuanto a charla. Así que hágale saber a la persona: «No estás haciendo esto como es debido, y ciertamente yo tampoco. Simplemente necesito saber que sientes algo positivo hacia mí cuando tengo sentimientos negativos». Y eso cubre muchos errores.

Expulsen la vergüenza

Si ambos están tratando de ser sinceros y avanzar a un nivel más profundo, muéstrense generosos para extender gracia y favor inmerecidos. Sean el uno para el otro por causa de la conexión. No tengan una conversación cada vez que el otro no capte algo. Esto puede conducir al desaliento y los sentimientos de fracaso. Y mantenga la relación positiva y libre de vergüenza. Cuando los terapeutas sexuales ayudan a sus clientes, una de las cosas que hacen es expulsar la vergüenza del dormitorio. Una pareja necesita ser capaz de traer a colación preguntas, observaciones (no crueles), pensamientos y deseos sin que el juez interno dicte sentencias.

El amor no puede gobernar cuando la vergüenza tiene el control. Lo mismo es cierto con la vulnerabilidad. Hay muchos paralelos entre la vulnerabilidad emocional y la intimidad sexual debido a la vulnerabilidad de estar desnudo en un sentido u otro. Adán y su esposa tuvieron esa experiencia al principio. «En ese tiempo el hombre y la mujer estaban desnudos, pero ninguno de los dos sentía vergüenza» (Génesis 2:25). La exposición de su corazón debería ser bien recibida en la relación personal. Si ambos pueden reírse de sus errores el uno con el otro, por lo menos de los que no son dañinos, avanzarán mucho para expulsar la vergüenza.

Perseveren

Las cosas no siempre parecerán íntimas y habrá desconexiones, pero no se rinda demasiado rápido. Esté dispuesto a perseverar; aunque no se sienta cercano o con esperanza. Inténtelo una vez más. Las grandes relaciones que duran largo tiempo siempre tienen períodos en los cuales los individuos se sienten alejados el uno del otro, pero deciden acercarse de nuevo y resolver el problema. La perseverancia quiere decir hacer lo debido en las cosas relacionales —como cumplir los principios que aparecen en este libro— aun cuando no haya pasión real detrás de eso. Significa apegarse a los profundos valores divinos del amor, la gracia, la sinceridad, la responsabilidad y la buena administración.

La perseverancia es cuestión de esforzarse a través de tendencias y patrones, no simplemente sucesos. Cualquiera puede sentirse ocasionalmente quisquilloso, de mal talante o impaciente. Estos son sucesos aislados en la relación personal, no el cuadro completo: «El buen juicio hace al hombre paciente; su gloria es pasar por alto la ofensa» (Proverbios 19:11). Pase por alto la ofensa. Busque tendencias y patrones. ¿Aflora esa actitud de ser quisquilloso, malhumorado o impaciente de manera regular cuando usted trata de conectarse? ¿Está viendo una serie de acontecimientos similares en naturaleza? ¿Hay personas objetivas en su vida que se percatan de lo mismo? Si es así, resulta diferente. No obstante, incluso si esto sucede, tal vez no sea tiempo de ponerle punto final a todo, como he mencionado antes, sino simplemente de tomar más en serio los patrones.

Sin embargo, incluso la perseverancia tiene sus límites. No se puede perseverar solo esforzándose más una y otra vez. Siempre hay dos cosas que considerar cuando se persevera para resolver los escollos de la vulnerabilidad al procurar avanzar más allá de los límites protectores:

1. *Energícese desde afuera.* Si las cosas no marchan bien, no debe hacerlo solo. Usted no puede continuar corriendo riesgos cuando está aislado de todos excepto de la persona con quien está tratando de conectarse. Asegúrese de que está recibiendo estímulo y respaldo de otros.
2. *Cambie lo que hay que cambiar.* Si está continuamente experimentando retroceso, que le echan la culpa, irresponsabilidad o engaño de parte de la otra persona en la relación, no es una virtud del carácter continuar corriendo riesgos que no están sirviendo. Se ha dicho que la locura es hacer lo mismo una y otra vez, esperando un resultado diferente. Eso es un problema.

Así que déle a la otra persona, a usted mismo y a la relación abundante tiempo y espacio para cometer errores en la vulnerabilidad. Conforme continúan lidiando con los obstáculos a la intimidad, con el tiempo serán menos y menos desalentadores, y simplemente los atravesarán como parte normal de la vida en la relación. Resuelvan las cosas pequeñas y dediquen su energía a las cuestiones mayores.

21

¿Hasta qué punto pueden llegar?

«Si no quiere conformarse con la situación de sus relaciones personales, este libro es para usted».

Esas son las palabras con que empieza este libro. Toda persona ha atravesado alguna forma de dolor, desilusión e incomodidad en una relación personal significativa. La mayoría de las personas han tenido que establecer límites protectores y dejar de confiar a fin de prevenir que les sucedan cosas malas de nuevo. Sin embargo, usted no tiene que conformarse a una vida de aislamiento, protección o relaciones personales diplomáticas pero distantes. Como espero que haya descubierto al tratar con los diferentes asuntos de este libro, su vida relacional puede avanzar más allá de los límites hacia la intimidad y amistades profundas si da los pasos apropiados.

No obstante, necesita preguntarse a sí mismo: ¿Cuál es el potencial aquí? ¿Podemos mantenernos profundizando continuamente? ¿Hasta qué punto puede llegar esta relación?

¿Cuál es el potencial?

Pienso que con dos personas dispuestas, el potencial para la intimidad en cualquier relación personal —ya sea romántica, familiar o amistosa— resulta casi ilimitado, estando sujeto únicamente a las limitaciones de tiempo y energía. La intimidad es una parte del amor, y estamos diseñados para crecer continuamente en el amor: «Por su acción todo el cuerpo crece y se edifica en amor, sostenido y ajustado por todos los ligamentos, según la actividad propia de cada miembro» (Efesios 4:16). Interactuamos unos con otros en amor por medio de un proceso continuo. La obra de la intimidad es continua y aumenta y crece con el tiempo.

No hay razón para dar por sentado que en algún punto se ha llegado al nirvana relacional con la otra persona y que ambos pueden desde allí deslizarse cuesta abajo. Somos seres complejos y siempre hay algo que descubrir. Mis padres han estado casados más de sesenta años. A menudo el uno puede terminar la frase del otro... y a menudo no pueden. Mi padre sorprende a mi madre con una opinión u observación. Mi madre hace lo mismo. No piensan que han alcanzado algún nivel máximo de profundidad en la intimidad en el cual no queda absolutamente nada por descubrir de la otra persona. Mi padre me dijo hace poco: «Tu madre todavía me fascina». Y es verdad. Siempre que nuestra familia va de visita, vemos la interacción del uno con el otro. Es un buen modelo para todos nosotros.

No obstante, la intimidad nunca fue reservada solo para el matrimonio. El amor que la Biblia enseña no es propiedad exclusiva de los casados. Si usted es soltero, tiene el mismo potencial en sus relaciones personales para una profundización gradual en el proceso de conocer y ser conocido por otros. Usted necesita a unos cuantos a su alrededor con quienes puede correr los riesgos que hemos mencionado en estos capítulos. Buscar la intimidad puede ser parte de su proceso vitalicio de crecimiento también.

Hace poco me reuní con una amiga que ha sido soltera por muchos años. A ella le gusta su vida. Está abierta al matrimonio, pero no está haciendo nada para buscarlo en estos días. Le pregunté sobre su relaciones personales. Tiene muchos amigos, pero hay varios que considera como familia.

Algunos literalmente forman parte de su familia biológica, otros no. Ha estado muy cerca de ellos por largo tiempo. Y su experiencia es que todavía está llegando a conocer a los demás. Ella no ve el final a la vista en una profundización creciente de la vulnerabilidad en estas relaciones personales, ni yo tampoco.

Exploren estos aspectos de cada uno

¿A dónde conduce la intimidad creciente y en qué direcciones? Felizmente, hay muchas sendas que explorar. Usted está diseñado para conocer y ser conocido. No pase por la vida con alguien y deje a un lado eso de ser intencional en cuanto a percibir los siguientes aspectos de la otra persona. Hay mucho que puede aprender si les presta atención, ya sea tomando café, en una reunión, o al hacer ejercicio en el gimnasio. El contexto no es tan importante como lo que el uno ve en el otro.

Sus emociones

Ambos tienen sentimientos. Algunos son positivos, como la felicidad, la alegría y un sentido de logro. Algunos son negativos, como la ansiedad, el temor, la culpabilidad o la tristeza. Hay muchas emociones y combinaciones de emociones. Ellas le brindan textura a la relación personal y ayudan a conectarse con el corazón del otro. ¿Sabe el uno lo que hace feliz al otro? ¿Lo que lo entristece? ¿Qué lo enoja? ¿Por qué?

Sus valores

Los valores son realidades que resultan importantes para ustedes dos. Algunos valores son los mismos para ambos; idealmente, los fundamentales, tales como Dios, el amor, la sinceridad y la libertad. Tener los mismos valores fundamentales resulta esencial, porque proveen un puente de conexión entre los dos. Eso es especialmente importante, ya que habrá otros valores que no coincidan. Sin embargo, tal cosa no constituye algo negativo, sino simplemente una diferencia. Estas maneras en que difieren proveen oportunidades para que el uno vea al otro y a la vida desde un punto de vista diferente, creciendo como resultado. Cada uno debe sentarse y hacer una lista de sus propios valores. ¿Cuáles son las similitudes y en qué difieren? ¿Hay diferencias importantes que resulten temas de futuras conversaciones?

Su carácter

Descubrir más con respecto a cómo cada uno está diseñado por dentro tiene un gran potencial a fin de compartir vulnerabilidades e interés. Sus capacidades para establecer relaciones personales, expresar empatía, ser directo, asumir la responsabilidad y lidiar con los problemas resultan esenciales para su propia vida y la manera en que la relación se desarrolla. Anoten lo que piensan que son los puntos fuertes del carácter del otro sin que los vea. Comparen notas. ¿Hay sorpresas entre lo que perciben en el otro y la forma en que se ven a sí mismos?

Sus competencias

Toda persona es buena para algo: deporte, música, literatura, computadoras, finanzas. Ayúdense el uno al otro a descubrir y cultivar esos puntos fuertes. Siempre hay espacio para el crecimiento y los logros. Identifiquen las capacidades de cada uno y díganle al otro cómo esas destrezas mejoran su vida de alguna manera.

Sus pérdidas y heridas

Hay experiencias que han sido dolorosas para todos nosotros. Errores, heridas, incluso la muerte de personas significativas. Asegúrese de que saben, comprenden y pueden hablar el uno con el otro sobre estas experiencias. Hay demasiadas relaciones personales en las cuales se evaden estas cosas, y eso limita el potencial de su conexión. Díganse el uno al otro como saber de las pérdidas de cada uno los acerca más.

Sus preferencias

A ustedes les gustan o no les agradan cosas diferentes. No son cuestiones morales, ni tampoco un asunto de ser mejor o peor. Simplemente se trata de cuestiones de estilo. A uno de ustedes le gusta las reuniones, el otro prefiere una cena tranquila. Uno de ustedes es directo, el otro es creativo. Uno desea tener una experiencia en la alta iglesia, el otro quiere algo más contemporáneo. La comprensión de las preferencias los ayuda a apreciar la individualidad del otro. Hagan una lista de varias preferencias que tengan, algunas de las cuales serán similares y otras no. ¿Cómo tratan con las diferencias y con todo continúan conectados el uno al otro?

Su pasado

Ambos vienen de alguna parte y su trasfondo los ayudó a definir quiénes son, para bien o para mal. Mientras más entiendan la vida anterior del otro, la dinámica de su familia, la cultura y la vida religiosa, más conocerán a la persona que es hoy. ¿Cuáles son algunas de las realidades más importantes de su pasado que afectan la relación que están forjando el uno con el otro? ¿Cuáles dinámicas familiares son las más importantes? ¿Producen estas realidades un problema o un beneficio?

Su futuro

Toda persona tiene sueños y pasiones para el futuro. Algunos tal vez estén buscando un sueño financiero, algunos una profesión, algunos un lugar y algunos maneras de servir y restaurar. Aprendan a conocer los sueños del otro para el futuro. Determinen sus sueños: los míos, los tuyos y los nuestros. ¿Como se intersectan los unos con los otros?

Sus relaciones personales

Uno conoce a una persona al conocer a sus amigos, ya que ella los escogió por alguna razón. Sus amistades reflejan bastante con respecto a la persona, y también continúan moldeando quién es hoy. Así que pueden ser una fuente de gran conexión para los dos. ¿Qué pueden aprender sobre cada uno al comprender a los amigos? ¿Cómo se relaciona usted con los mejores amigos del otro?

Sus excentricidades

Todos fuimos temerosa y maravillosamente creados un poco estrafalarios. Las excentricidades no deben ser un asunto que provoque distanciamiento, sino conexión, incluso atracción. Uno de ustedes puede salir de la casa sin que los platos sucios estén en la máquina lavaplatos. El otro puede pasar frente a un almacén de venta de animales sin entrar. ¿Qué excentricidades notan en cada uno y cómo los afectan?

Ustedes dos

Hemos hablado de «la conversación», pero nunca se olvide de continuar la charla. Continúe verificando la relación personal y preguntando periódicamente: «¿Cómo nos está yendo?» «¿Cómo nos afectamos el uno al otro?». Eso es algo que Barbi y yo hacemos en nuestro matrimonio. Es algo que hago también con mis amigos más íntimos. Prefiero hacer un chequeo y no tener que someterme a una cirugía relacional.

Y como puede ver, hay muchas maneras de conocer a la otra persona y permitirle que lo conozca a uno. Llegar a conocer a la otra persona nunca termina. Es un proceso y una jornada de las que hay que disfrutar.

Los elementos

Además de lo que los define como personas, existen unos pocos elementos necesarios para este proceso continuo y permanente de apertura constante y creciente. Hay maneras de abordar la relación personal y mejorar la calidad del vínculo que existe entre los dos. Si ambos las ponen de manifiesto, la relación personal puede tener gran potencial. Hagan de estos elementos una parte de la forma en se relacionan el uno con el otro.

Vean la intimidad como un medio y un fin

Ambos quieren conectarse no solo por los beneficios, sino también porque se interesan en el otro. No es que usted se vuelva vulnerable porque es un remedio que tiene que tomar a fin de mantenerse sano. La intimidad conlleva placer y gozo. Debemos sentirnos bien luego de una conexión significativa, a menos que esta haya tenido lugar por algún tipo de dolor o problema. Algunos han hallado que la conexión resulta difícil principalmente debido a experiencias negativas con una relación personal pasada. Esto puede ser verdad en un inicio, pero una vez que la vulnerabilidad empieza a aparecer, eso debe resolverse con el tiempo.

Establezcan una estructura para la conexión

La intimidad es en cierto sentido orgánica y natural, pero también necesitan enfocarse en ella. Las personas que se gustan entre sí tienden a pasar más y mejor tiempo juntas. Resulta natural que usted quiere estar y sincerarse con alguien con quien las cosas marchan bien. No obstante, la vida hace de las suyas. Todos tenemos muchas demandas que exigen nuestro enfoque: el trabajo, otras relaciones personales, las exigencias familiares y las finanzas, para mencionar unas pocas. A fin de no perder terreno relacional, es buena idea tener algún tipo de estructura que los ayude a ambos a separar el tiempo de calidad que necesita una gran relación personal. No dependan de su apego y conexión y digan: «Ya hablaremos». Reserve eso para las relaciones que no son tan vitales.

Siempre sugiero tanto una logística como una intención al establecer una estructura. La logística implica separar tiempo para estar juntos sin distracciones. Se trata de que los dos estén solos por una cierta cantidad de tiempo. La intención significa que ambos están de acuerdo en ser sinceros y profundizar. Debe ser algo más que una actualización sobre lo que ha pasado ese día o durante la semana. Es un asunto de cómo les va en los aspectos mencionados antes. Probablemente resulta mejor que uno de los dos tome la iniciativa en cuanto a esto. Mi experiencia es que algunas personas vacilan más en cuanto a ser el primero, y usted no quiere pasar todo el tiempo esperando que la relación se desarrolle de manera espontánea.

Construyan a profundidad

Haga uso de los riesgos y las vulnerabilidades para continuar el proceso. Conforme llega a sentirse más seguro y a tener la certeza de que ambos están en sintonía, podrá correr riesgos a niveles crecientes de sinceridad. Así es simplemente como se fomenta la intimidad. Usted fue diseñado para ser conocido, y cuando sabe que las condiciones son las propicias, avanza hacia eso. Y su propia vulnerabilidad provocará lo mismo en la otra persona: «Un abismo llama a otro abismo» (Salmo 42:7).

Comprométase al crecimiento espiritual y personal

Si ambos están dedicados al crecimiento espiritual y personal, la mayoría de estos otros elementos caerán en su lugar.

El proceso de crecimiento que implica seguir a Dios y sus senderos, relacionarse auténticamente con otros, y lidiar con sus propios problemas representará una fuente de intimidad continua para su relación personal.

Ustedes dos no son suficientes el uno para el otro. No poseen todas las fuentes de energía y motivación para hacer lo que necesitan. Lo que comparten no basta, y eso los limitará a ambos. Ustedes necesitan permanecer en el curso continuo del crecimiento divino, la ayuda, el estímulo, el cambio y la transformación. Necesitan mantenerse siguiendo a Dios y su Palabra, profundizando espiritual y relacionalmente, siguiendo una senda de crecimiento, y formando parte de una iglesia saludable. Entonces ambos estarán siendo constantemente refrescados y energizados de nuevo.

Elimine la presión de la relación proveyendo todo lo que ambos necesitan y siendo personas que buscan crecer. No hay razón para que usted no pueda involucrarse en algún tipo de proceso de crecimiento por el resto de su vida, el cual puede incluir un grupo pequeño, amigos que están creciendo y una vida espiritual vital.

La única limitación real a la intimidad es la inversión que cada uno de ustedes hace, pues la misma exige dos personas. Algunos individuos llegarán a cierto nivel de intimidad que es apropiado para ellos, por lo menos por el momento. Ven el crecimiento adicional como demasiado trabajo, carente de importancia o incómodo. Si esa es la situación, usted no puede hacer el trabajo por ellos. No obstante, eso no quiere decir que la relación personal se ha acabado, de ninguna manera.

Algo de esto depende del contexto. Si se trata de una relación a la que se ha comprometido, tal como la que establecemos por medio del matrimonio o con un familiar, entonces ajústese y adáptese al límite de la otra persona. Averigüe si usted es parte del problema y si de alguna manera está alejando al otro. Ayúdele con cualquier preocupación o temor que tenga en cuanto a la vulnerabilidad. Más allá de eso, no lo presione. Ámelo, sea una relación grandiosa para el otro, y acepte sus libertades y decisiones. Aplique sus energías a las cosas buenas de dicha relación y a sus otros amigos y actividades. Con todo, asegúrese de que la persona sabe que la puerta siempre está abierta a más intimidad si la desea.

No queme sus puentes. He visto situaciones en las cuales un cónyuge o amigo tuvo una crisis personal, una pérdida en los negocios o una epifanía espiritual, y de repente buscó más en una relación personal. No viva en un estado de privación, sino manténgase dispuesto al cambio.

No tiene que conformarse. Dios no se conformó cuando lo creó y cuando estableció relaciones personales con usted, y entre usted y las personas. Sus conexiones, y posiblemente aquellas en las que está trabajando mientras lee este libro, pueden ser algo que le proporcione satisfacción y crecimiento toda la vida.

CONCLUSIÓN

Más allá de los límites hacia una mejor vida

Espero que ahora se sienta estimulado y más equipado para avanzar más allá de los conflictos relacionales del pasado, a fin de que pueda establecer una conexión más honda y vulnerable con las personas que más le importan. Siempre necesitará sus límites definidores, puesto que son ellos los que nos hacen ser quienes somos y nos identifican de modo que podamos alcanzarnos unos a otros. Sin embargo, mientras más avance más allá de los límites protectores en sus relaciones personales importantes, más disfrutará de la intimidad para la que fue creado.

Hacer el esfuerzo de cultivar la intimidad es importante no solo para sus relaciones, sino también para su vida entera. Se supone que usted debe ser libre, no cuidadoso; franco acerca de sí mismo, no inescrutable; capaz de establecer vínculos profundos, no desconectado. Usted fue diseñado para perseguir el amor y vivir en amor, llegando a ser como Aquel que incorpora el amor mismo: «Y nosotros hemos llegado a saber y creer que Dios nos ama. Dios es amor. El que permanece en amor, permanece en Dios, y Dios en él» (1 Juan 4:16).

El trabajo bien vale la pena. Es mi deseo que halle la vida que Dios se propuso para usted durante la jornada.

Que Dios lo bendiga.

Dr. John Townsend
Newport Beach, California, 2011

Notas

1. Henry Cloud y John Townsend, *Boundaries: When to Say Yes, When to Say No, to Take Control of Your Life*, Zondervan, Grand Rapids, 1992.
2. La investigación neurobiológica ahora está presentando evidencia de que las sustancias químicas del cerebro pueden afectar incluso la confianza. Los investigadores han descubierto una conexión entre la oxitocina, a veces llamada la «hormona del afecto», y las relaciones personales de confianza. Cuando aumentaron artificialmente la cantidad de oxitocina en las personas, esos individuos en realidad confiaron en otros más de lo que normalmente lo harían. Nuestra biología afecta nuestra emoción de la confianza y cómo procesamos las relaciones personales. Sin que importe cómo avance la investigación, la confianza es un aspecto de la vida que es central en todas nuestras relaciones personales. (Paul J. Zak, «The Neurobiology of Trust» [«La neurobiología de la confianza»], *Scientific American*, junio 2008, pp. 88-95).
3. S. L. Murray, J. G. Holmes y D. W. Griffin, «The Benefits of Positive Illusions: Idealization and the Construction of Satisfaction in Close Relationships» [«Los beneficios de las ilusiones positivas: la idealización y la construcción de la satisfacción en las

relaciones personales íntimas»], *Journal of Personality and Social Psychology*, 1996, pp. 70, 79-98.

4. Describo la tristeza más extensamente en *Leadership beyond Reason*, Nelson, Nashville, 2008, pp. 71- 77.

5. Henry Cloud y yo escribimos más extensamente sobre la necesidad de las relaciones personales en *How People Grow*, capítulo 7, «God's Plan A: People» [«El plan A de Dios: Personas»], Zondervan, Grand Rapids, 2001.

6. Rick Warren, *The Purpose Driven Life*, Zondervan, Grand Rapids, 2002. Existen varias traducciones al español tituladas *Una Vida con Propósito*.

7. Para una guía adicional sobre cómo prestarle atención a sus emociones, vea mi libro *Leadership beyond Reason*, Nelson, Nashville, 2008, capítulo 8: «Emotions» [«Emociones»].

8. Henry Cloud y John Townsend, *Safe People*, Zondervan, Grand Rapids. 1995. Existen ediciones en español bajo el título *Personas Seguras*.

9. Siempre hago esta pregunta cuando la persona de la que se habla no está presente. De otra manera, se corre el riesgo de que el problema sean las distorsiones y percepciones, no la realidad.

10. Vea mi libro *Loving People* para una guía adicional sobre cómo cultivar destrezas a fin de conectarse a un nivel más profundo. *Loving People*, Nelson, Nashville, 2007, cap. 3: «Connecting» [«Cómo conectarse»].

11. Harville Hendrix, *Getting the Love You Want,* St. Martin's Griffin, Nueva York, 2007.

Nos agradaría recibir noticias suyas.
Por favor, envíe sus comentarios sobre este libro
a la dirección que aparece a continuación.
Muchas gracias.

Vida@zondervan.com
www.editorialvida.com